AF330367

GUIONIE 1985

GUIONIE 1985

GÉNÉALOGIE

DE LA MAISON

DE GUILLEBON

ORIGINAIRE DU BEAUVAISIS.

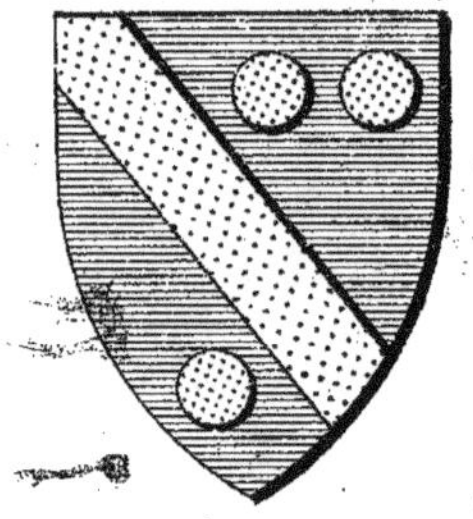

AMIENS
IMPRIMERIE PITEUX FRÈRES
32, RUE DE LA RÉPUBLIQUE, 32.

MDCCCXCIII.

GÉNÉALOGIE

DE LA MAISON

DE GUILLEBON

ORIGINAIRE DU BEAUVAISIS.

J'attends je prétends et j'espère

GÉNÉALOGIE

DE LA MAISON

DE GUILLEBON

ORIGINAIRE DU BEAUVAISIS.

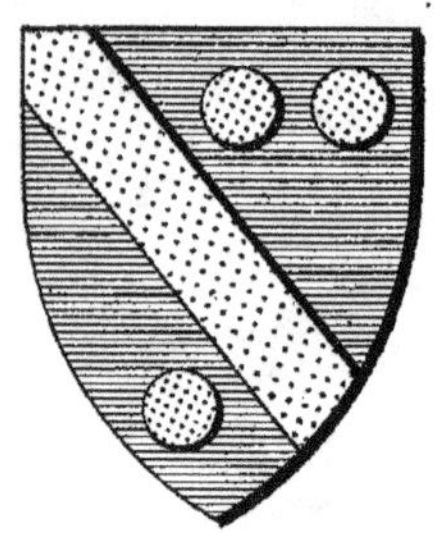

AMIENS

IMPRIMERIE PITEUX FRÈRES

32, RUE DE LA RÉPUBLIQUE, 32.

—

MDCCCXCIII.

A M. Édouard de GUILLEBON

Respectueux hommages de ses Neveux.

INTRODUCTION.

Le nom primitif de la famille DE GUILLEBON est LE THOILLIER.

Sous le règne de Charles VII, lorsqu'une grande partie de la France était encore occupée par les Anglais, GUY LE THOILLIER, seigneur d'Angivillers, près Clermont-en-Beauvoisis, se mit à la tête de bandes qu'il avait rassemblées et chassa les Anglais du pays. Il fut surnommé *le bon*. Telle est l'origine du nom de GUILLEBON, que portent aujourd'hui les descendants de GUY LE THOILLIER.

Guy, dit Gui-le-bon, serait, selon toute vraisemblance, le père de Jean Le Thoillier, à partir duquel on a pu établir la filiation suivie de la famille de Guillebon. Il vivait vers le milieu du xvᵉ siècle.

Quelques renseignements, puisés à différentes sources, permettent de faire remonter l'origine de cette maison jusqu'au commencement du xiiiᵉ siècle. Plusieurs mémoires de famille, fort anciens, font mention d'un Le Thoillier vivant en 1214. Il avait épousé une demoiselle de Gomer.

Si l'on s'en rapporte aux *Recherches généalogiques* de L. E. de la Gorgue de Rosny, Jacques li Toiliers vivait en 1324 et Willard Le Thoillier avait un tènement aux Plancques de Maillesacq, près Abbeville, en 1350 [1].

En l'année 1438, un chevalier, nommé Vatelin Le Thieulier, faisait la guerre au comte de Vaudémont, et « après avoir faict plusieurs dommaiges

____

[1] *Recherches généalogiques sur les comtés de Ponthieu, de Boulogne, de Guines et pays circonvoisins,* T. II, p. 706.

par feu et par espée en ladicte comté de Vaudémont; il se retira en un moult fort chastel, appartenant au seigneur de Hartuel, son beau-père, qui fut emporté d'assaut par 400 hommes », mais bientôt les Lorrains vinrent à son secours et battirent la troupe du comte de Vaudémont.

La famille de Guillebon compte des alliances avec les plus anciennes maisons de Picardie : DE QUIÉNANT, DE PIENNES, DE CHASSERAT, DE GOMER, DE GARGES, DE MONCHY, CAIGNET, DU CAUREL, DE MAILLY, DE VILLECHOLLES, DE FORMÉ, DE MONS, DE LOUVEL, etc.

Elle porte pour armes : *d'azur à la bande d'or accompagnée de trois besans de même, deux en chef et un en pointe.* Supports : *deux lévriers.* Couronne de comte. Cimier : *un lévrier issant.*

Devise : *J'attends, je prétends et j'espère en tout temps.*

La famille de Guillebon fut maintenue dans sa noblesse en vertu de l'enquête faite en la ville de Montdidier, les 25 et 27 février 1599, et du jugement de l'Intendant de Picardie, en date du 27 mars 1700.

GÉNÉALOGIE

DE LA

FAMILLE DE GUILLEBON

SEIGNEURS D'ANGIVILLERS

I

Jean Le THOILLIER, dit *Guilbon*, obtint en 1464 de Gilles d'Amerval, seigneur d'Angivillers, la saisine d'un fief sis à Angivillers [1].

On lui connaît deux enfants.

1° Jean *qui suit.*

2° Philippe, docteur en théologie.

Ce dernier acquit, en 1494, de Gilles d'Amerval, la terre et seigneurie d'Angivillers et en fut saisi par les officiers du comte du Clermont, le 8 octobre suivant. Il mourut en 1497, laissant cette seigneurie à son frère aîné.

[1] Angivillers, Canton de Saint-Just-en-Chaussée, Arrondissement de Clermont (Oise).

II

Jean Le THOILLIER, dit *Guilbon,* II⁰ du nom, écuyer, seigneur d'Angivillers, épousa en premières noces Marie de QUIÉNANT ou QUESNANT [1]. Il se maria en secondes noces à Marguerite de PIENNES.

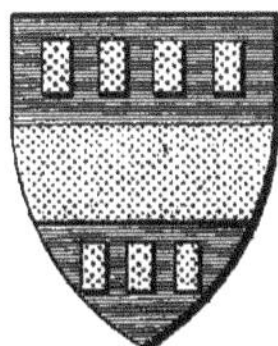

De Piennes : *d'azur à la fasce d'or accompagnée de sept billettes de même, quatre en chef et trois en pointe.*

Jean Le Thoillier mourut le 18 août 1520, laissant de ses deux femmes la postérité suivante, ainsi qu'il résulte du partage fait entre ses enfants, le 8 mars 1530, devant Pierre Paumart, prévôt d'Angy [2].

1° Philippe, *qui suit.*

2° Antoine, auteur de la branche des seigneurs de Beauvoir.

3° Ysabeau, alliée à Jean GAYANT, grènetier du grenier à sel de Clermont, décédé avant 1530.

4° Jeanne, alliée à Pierre JÉROME, bourgeois de Beauvais.

5° Catherine, alliée à Simon LEPLAT, bourgeois de Compiègne.

6° Antoinette, alliée à Jean de PAJOT, seigneur de L'Équipée et autres lieux.

De Pajot : *d'azur au chevron d'or accompagné de trois roses de même posées 2 et 1.*

Antoinette Le Thoillier mourut avant 1530.

L'origine qui lui est donnée par d'Hozier, dans la généalogie des sieurs de Larbours, dits Combauld, pages 132 et 133, est erronée.

(1) *Bibliothèque Nationale. Cabinet des Titres. Nouveau* D'Hozier, 3861, f° 8.
(2) *Archives du château de Beauvoir,* n° 45.

De ce mariage est issu :

a). François, Ier du nom, seigneur d'Autheul, L'Esquippée, Vessancourt, le Val de L'Eaue, Goincourt, Bury et La Haute-Touffe, conseiller du Roi en sa cour de Parlement de Paris. Il est mort conseiller de la Grand'Chambre. Il épousa Estiennette Le Coq.

Le Coq : *d'azur à trois coqs d'or posés 2 et 1.*

De ce mariage est issu :

aa). François, IIe du nom, écuyer, seigneur d'Autheul, L'Esquippée, Vessancourt, Le Val de L'Eaue et autres lieux, gentilhomme qui, jusqu'à sa mort, a toujours servi le Roi dans ses armées. Il épousa Marie Le Clerc.

Le Clerc : *d'argent au chevron d'azur accompagné de trois roses de gueules pointées d'or et posées 2 et 1.*

De ce mariage sont issus :

aaa). François, IIIe du nom et Marie, alliée le Ier mars 1604 à Charles de Combauld, chevalier, fils de Gilbert de Combauld, chevalier, seigneur des Clayes et du Pointel, grand audiencier de France [1], bailli de Montpensier, et de Marie de Pomereu.

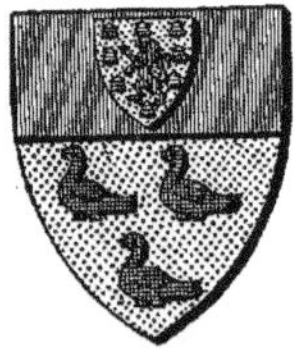

de Combauld : *d'or à trois merlettes de sable, au chef de gueules, chargé d'un écu de Bourbon ancien, qui est d'or au lion de gueules à l'orle de huit coquilles d'azur.* Devise : *Je ne le quitte à nul autre.* Cry : *Bourbon !*

(1) Les grands audienciers de France, qui étaient au nombre de quatre et servaient par quartier, comptaient parmi les principaux officiers de la Grande Chancellerie. Le grand audiencier de service assistait à la commission du sceau. Il présentait les lettres au chancelier en rappelant sommairement leur contenu. Lorsqu'elles étaient approuvées, il les remettait au chauffe-cire qui les scellait, sur l'ordre du chancelier. Chéruel, *Dict. hist.* T. I, pp. 53, 126 et 129.

La Maison de Combauld, originaire du Bourbonnais, établie ensuite en Beauvoisis, a ajouté à ses armes l'écu de Bourbon depuis l'alliance de Louis de Combauld, chevalier, seigneur de Larbours, en 1435, avec Jeanne, fille naturelle de Jean, duc de Bourbon.

Ils eurent pour fils CHARLES, chevalier de l'ordre du Roi, seigneur de Fescourt et de la Boissière.

7° JEANNE, décédée avant 1530, avait épousé ADAM DENCRE, bourgeois de Beauvais.

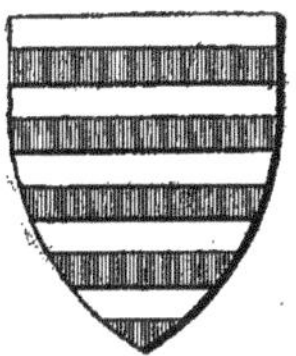

DENCRE : *Burelé d'argent et de gueules de dix pièces.*

Jean Le Thoillier eut plusieurs autres enfants, dont les noms ne sont pas connus.

Dans un compulsoire fait par Fontaine et de la Motte, notaires à la Neuville-Roy, le 15 janvier 1599, en présence de Charles de Royer, écuyer, seigneur du Cardonnoy et du Blancbuisson, demeurant au Petit-Crèvecœur, et de Georges Dupuis, écuyer, seigneur de Wacquemoulin, demeurant à Pronleroy, il est dit que : « les armoiries et timbres des Le Thoillier, dit Guillebon, sont empreints à la voûte, en pierre taillée, de l'église d'Angivillers » et que, les mêmes armoiries avec « la représentation d'un homme armé de cotte d'arme avec deux de ses fils aussi armés, que l'on disoit être l'effigie de Jean Le Thoillier, dit Guillebon, seigneur d'Angivillers, qui avait épousé, en secondes noces, Marguerite de Piennes, sont représentées sur la principale vitre de la dite église » [1].

---

[1] Il est fait mention de ce compulsoire dans une vieille généalogie, *(Archives du château de Beauvoir, n° 108)*, et dans les preuves pour Saint-Cyr de Marie-Louise de Guillebon. *(Bibliothèque Nationale. Cabinet D'HOZIER. 4568, f° 4, verso.)*

III

Philippe Le THOILLIER, dit *Guilbon,* écuyer, seigneur d'Angivillers, de Ravenel [1] et de La Rue-Saint-Pierre [2], en partie, habitait Clermont.

Le 30 octobre 1521 il acheta, par contrat passé devant Pierre de Ravenel et Geoffroy Allou, tabellions auditeurs jurés au Comté de Clermont en Beauvoisis, un jardin situé à Angivillers, contenant soixante verges, à la charge de douze deniers parisis et d'un chapon de cens envers le seigneur d'Angivillers, moyennant la somme de douze livres tournois [3].

Il obtint, le 31 août 1538, mainlevée de son fief d'Angivillers mouvant du Roi, à cause du château de Clermont. La saisie en avait été opérée, faute par lui d'avoir acquitté « droits, devoirs et dénombrement » [4].

Philippe possédait le fief d'Angivillers comme héritier de feu Jean Le Thoillier, dit Guilbon, son père, le 18 août 1520.

Il épousa GABRIELLE DE CHASSERAT, fille de Jean de Chasserat et de Minette de Chantepine.

DE CHASSERAT : *d'argent au sautoir dentelé de sable, cantonné de quatre rats de même.*

Philippe de Guillebon fut inhumé avec sa femme dans l'église d'Angivillers, où se trouve encore de nos jours la pierre tumulaire qui recouvre leurs tombes. Cette dalle mesure deux mètres soixante centimètres de longueur sur un mètre cinquante centimètres de largeur.

Philippe de Guillebon et Gabrielle de Chasserat sont étendus, les mains jointes et la tête appuyée sur des coussins, au centre d'une composition architecturale, véritable chef-d'œuvre d'exécution. Elle présente les meilleurs caractères de l'art de la Renaissance.

(1) RAVENEL, Canton de Saint-Just-en-Chaussée, Arrondissement de Clermont (Oise).
(2) LA RUE SAINT-PIERRE, Canton de la Neuville-en-Hez, même Arrondissement.
(3) *Archives du château de Beauvoir,* n° 66. — (4) Ibidem. n° 68.

Le seigneur d'Angivillers est revêtu d'une robe garnie de fourrures, une de ces houppelandes à la mode du temps de François Ier, qui se mettait sans ceinture et qui s'arrêtait à la hauteur des genoux dans le costume des gentilshommes. Les chaussures sont les souliers *pattés,* dont parle Octavien de Saint-Gelais et dont la semelle, coupée en triangle ou en carré, avait la plus grande largeur à l'extrémité du pied.

La demoiselle de Chasserat porte la longue robe, flottante, décolletée et taillée en carré avec de très larges manches, telle qu'elle est décrite par Rabelais. On n'a pas oublié les *jaȝerans,* ces chaînes d'or, que l'on disposait en collier sur le corsage de la robe, non plus que la patenôtre, espèce de chapelet de prières, qui servait de ceinture et qui, descendant sur le vêtement, se terminait par un ornement d'orfèvrerie.

Des quatre écussons qui ornaient la partie supérieure du monument, un seul a été épargné par le marteau de la Révolution, celui des Chasserat [1].

L'inscription suivante se trouve gravée sur une pierre placée à côté de cette dalle :

Cy gisent noble home Ph^{pes} de Guillebon,

escuyer en son vivant seigneur dagiviller

de ravenel et la rue sainct pierre

en partye qui trespassa le vendredy

quatorȝiesme decembre mil cinq cens

quarante sept. Et noble damoyselle

Gabrielle de Thasserat feme dudict

defunct laquelle trespassa le.....

Prieȝ Dieu pour leurs ames.

Du mariage de Philippe de Guillebon et de Gabrielle de Chasserat sont issus :

1° FRANÇOIS, *qui suit.*

2° JEAN.

(1) B^{on} DE CALONNE. *Les tombeaux de Messires* Philippe *et* François DE GUILLEBON, *en l'église d'Angivillers (Oise).*

Cy gisent noble hômr pirres de guillebon
escuyer en son vivant seigneur dagwiller
de ravenel et la rue sainct pierre
en partye qui trespassa le vendredy
quatorziesme decembre mil cinq cens
quarante sept   Et noble Damoyselle
gabrielle de chasserat feme dudict
defnuct laquelle trespassa le
Priez dieu pour leurs ames

3° N., auteur de la branche du Bourbonnais, *qui suivra*.

4° MARIE, alliée en 1540 à CHARLES, seigneur de FEUQUIÈRES, fils de Jérémie et de Jacqueline de Creil.

DE FEUQUIÈRES : *de gueules au maillet couronné d'or.*

DE CREIL : *d'azur au chevron d'or ¦chargé de trois molettes d'éperon de sable et accompagné de trois roses d'or.*

IV

FRANÇOIS LE THOILLIER, dit *Guillebon,* écuyer, seigneur d'Angivillers, Ravenel et La Rue-Saint-Pierre, homme d'armes dans la compagnie de Charles d'Halluin, seigneur de Piennes. Il prit part, le 15 août 1557, à la bataille de Saint-Quentin, sous le commandement de Jean de Bourbon, comte d'Enghien, tué en cette funeste journée.

François de Guillebon épousa GABRIELLE DE GOMER.

DE GOMER : *d'or au lambel d'azur accompagné de sept merlettes de gueules, quatre en chef et trois en pointe.*

Elle était fille de Christophe, chevalier, seigneur de Cuignières et d'Artonges et de Isabeau Caignet.

CAIGNET : *d'argent à trois aiglettes de sable posées 2 et 1.*

Antoine Caignet, maïeur d'Amiens en 1472, et Nicolas, maïeur en 1514, appartenaient à cette vieille famille picarde.

François de Guillebon mourut le 25 mars 1559. Sa femme lui survécut. Elle écrivait, en juillet 1561, à son parent, M. de Monchy, procureur du Roi à Paris, la lettre suivante, conservée aux archives du château de Beauvoir [1] :

Monsieur de Moncy, pour l'alience et amictié qui a esté et est entre vostre maison et la nostre, je me suis adressé vers vous pour me déffendre en une cause que j'ay contre les boursiers des Cholets. Je ne vous porroie pas bonnement donner à entendre, moy, par ce que je suis femme qui n'a pas esté nourrie en procès, mais en mon ménage, pour ce que je avoie homme qui y entendoit. Touteffois estant vefve et assalye de procès non pas beaucoup, Dieu merchy, il est besoing que j'aye recours à Dieu et à mes bons amys pour y donner ordre. Laurens Loste m'a promis de vous envoïer mémoire avec toutes mes pièces. Je vous-supplie (en vous contentant) de me deffendre en mon bon droit qui est le droit ; ou je me recommande à vostre bonne grâce et prie Dieu vous donner la sienne.

D'Angiviller, maison bien vostre.

Vostre bien bonne amye

Gabryelle de Gomer.

Gabrielle de Gomer épousa, en secondes noces, François de Bayencourt, écuyer, seigneur de Lesglantiers. Elle était veuve en 1582.

Le 21 mars 1583, elle constitua à sa fille Adrienne « une rente de treize escus tournois afin qu'elle trouve meilleur et plus avantageux party en mariage [2] ».

___

(1) *Archives du château de Beauvoir*, n° 94. — (2) Ibidem. n° 48.

François de Guillebon fut inhumé dans l'église d'Angivillers. La pierre tumulaire qui consacre sa mémoire n'est pas moins intéressante que la précédente. Il semble même qu'elle soit plus finie, quoique moins riche d'ornementation, et que l'artiste ait apporté plus de soin à reproduire la physionomie pleine de distinction du sire d'Angivillers et de sa compagne.

François de Guillebon est représenté avec l'armure que revêtaient les gentilshommes de l'époque. Par dessus l'armure il porte un vêtement que M. Quicherat nomme le *sayon* et que presque tous les hommes de guerre ont adopté après les expéditions d'Italie. Le *sayon* n'est autre chose que la « cotte d'armes chamarrée d'armoiries », décrite par Palliot dans *La vraie et parfaite science des armoiries*. La cotte d'armes de François de Guillebon est *chamarrée* de ses armoiries ; on y voit la bande et les besans. Le casque occupe la partie supérieure du tombeau. C'est l'armet avec mentonnière et gorgerin articulés, qui était muni, par dessus la visière, d'un garde-vue avancé.

Le costume de Gabrielle de Gomer est celui des dames de la cour de François Ier. La mode prodiguait alors une infinité d'ornements d'or, de pierres précieuses, de perles, de chaînes et de colliers et elle disposait le vêtement de manière à donner de l'ampleur aux épaules en laissant la poitrine large et découverte. La coiffure rappelle le chapeau que *Cesare Vecellio* attribue aux femmes du Brabant, coiffure très commode, observe-t-il, à cause du petit cercle qui l'arrondit à volonté.

Une inscription circulaire accompagne la représentation des défunts :

> Chi gist noble homme François de Guillebon
> en son vivant seigneur d'Angivillers qui
> trespassa le XXVᵉ jour de Mars
> mil Vᶜ LIX et damoiselle Gabrielle
> de Gomer sa feme qui trespassa le
> . . . . . . priez Dieu por eulx.

Aux angles du tombeau se trouvent quatre écussons : à gauche, celui de la famille de Guillebon ; à droite, l'écusson parti de Guillebon et de Gomer.

Plus heureux que tant d'autres de leurs contemporains qui demeureront ensevelis dans un éternel oubli, messires Philippe et François de Guillebon, son fils, ont trouvé, à trois siècles de distance, des descendants qui se sont fait un devoir de ressusciter, en quelque sorte, leur pieuse mémoire (1). L'artiste de talent qui grava jadis leurs tombeaux

(1) En 1873, sur l'initiative du comte Henri de Guillebon et par les soins du baron de Calonne, une lithographie des tombeaux de Philippe et de François de Guillebon a été exécutée pour les membres de la famille.

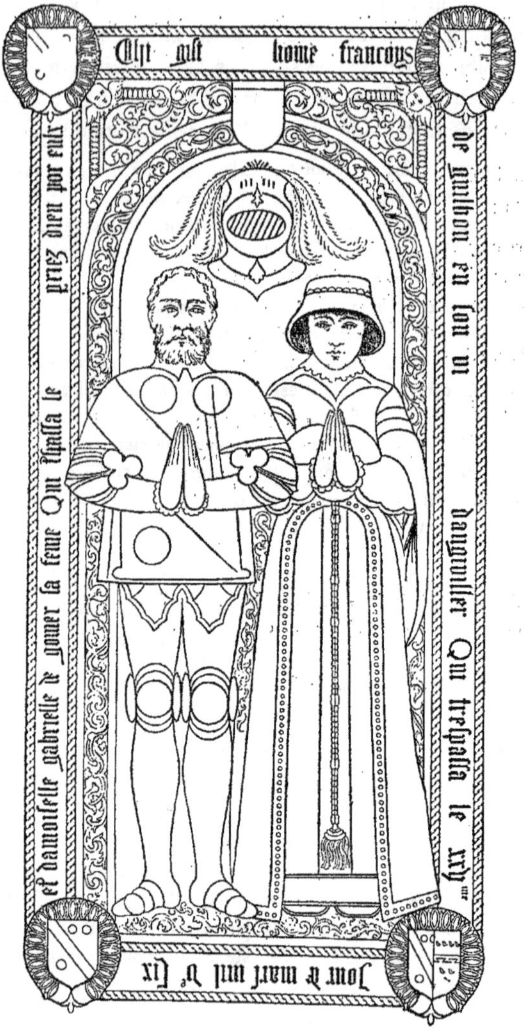

Cy gist homé francoys
de guilhon en son vi danguiller Qui trespassa le xxij
Jour de mart mil D. Cix
et damoiselle gabrielle de gomer sa feme Qui trespassa le   prez dieu por eulx

dans l'église d'Angivillers, ne désavouerait assurément pas le crayon de M. Moncourt, qui s'est chargé de la reproduction, réduite au dixième, de ces œuvres d'art marquées au meilleur coin de la Renaissance.

Il est néanmoins probable que Gabrielle de Gomer, remariée au seigneur de Lesglantiers, ne repose pas auprès de son premier mari (1).

François de Guillebon laissa, de son mariage avec Gabrielle de Gomer, trois enfants :

1° Sébastien, *qui suit.*

2° Adrienne, alliée par contrat devant Adam de Fontaines, notaire royal au comté de Clermont, à Charles du ROYER, écuyer, seigneur du Cardonnois et de Blancbuisson, archer des ordonnances du Roi, sous la charge du sieur d'Arques, en 1580, puis gentilhomme ordinaire de la maison du Roi, en 1599.

du Royer : *gironné d'argent et d'azur de huit pièces à l'orle d'autant d'écussons de l'un en l'autre et chargé d'un écusson de gueules en cœur.*

Charles du Royer était fils de Pierre du Royer, écuyer, demeurant à Montigny, archer des ordonnances du Roi, de la compagnie du duc d'Aumale, et de Jeanne de Rocq.

Son grand-père, Jean du Royer, avait épousé Jeanne Tristan, fille de Marquel Tristan.

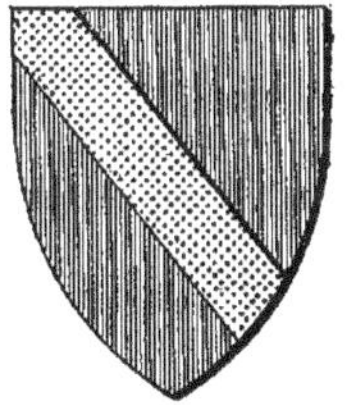

Tristan : *de gueules à une bande d'or.*

Charles du Royer assista à la bataille de Coutras, en 1587, avec Claude et Aaron

(1) Bᵒⁿ de Calonne. *Les tombeaux de Messires* Philippe *et* François de Guillebon, *en l'église d'Angivillers.*

de Guillebon. Son père avait combattu à Dreux avec Antoine de Guillebon, dans la compagnie du sieur de Piennes. ↘

Adrienne de Guillebon eut de son mariage quatre enfants, dont l'aîné, CHARLES, écuyer, seigneur de Bournonville, Tracy et Petit-Crèvecœur, épousa, le 7 novembre 1602, Marguerite BOISTEL.

BOISTEL : *de gueules à trois losanges d'argent posés en bande.*

Il eut plusieurs enfants.

La dernière des du Royer, veuve de M. d'Arblincourt, demeurant au château de Savriennois (arrondissement de Saint-Quentin), mourut à Compiègne, vers 1860, ne laissant qu'une fille, mariée à M. Fayard de Sinceny.

3° SUZANNE, alliée à FRANÇOIS D'AVRIL, écuyer, seigneur de Monégny.

D'AVRIL DE MONÉGNY : *d'argent à un pin arraché de sinople, au chef d'azur chargé de trois étoiles d'or.*

Elle épousa, en secondes noces, par contrat du 11 avril 1571, devant Nicolas Crétu, notaire à Amiens, PIERRE CAIGNET, écuyer, seigneur de Genville, demeurant à Taisny. (*Armoiries,* p. 10).

Il était fils de Pierre Caignet et de Catherine de Conty.

DE CONTY : *d'or au lion de gueules chargé de trois chevrons de vair brochant sur le lion seulement.*

A ce contrat Suzanne de Guillebon fut assistée par sa tante, Estiennette de Gomer, veuve de messire Guillaume du Caurel, chevalier, seigneur de Taisny, bailli d'Amiens. Pierre Caignet mourut avant le 20 octobre 1595 ; sa femme vivait encore en 1607.

De ce mariage est issu, entre autres :

a). Josias, écuyer, seigneur de Bougicourt, qui fit, le 22 février 1607, avec son frère Daniel, le partage des biens à eux échus par la mort de Pierre Caignet, leur père, en présence de leur mère, Suzanne de Guillebon. Il épousa Catherine de Cavoye.

DE Cavoye : *de sable à une bande d'argent chargée de trois lions aussi de sable.*

De ce mariage est issu :

aa). François, écuyer, seigneur de Bougicourt, allié, par contrat du 4 juin 1641, devant Charles Englart, notaire à Conty, comté de Clermont, à Marie d'Ainval, fille de Jean, seigneur de Hen, et de Madeleine Pastour (alias de Pascours).

D'Ainval : *d'argent au chef emmanché de gueules, à la bande d'azur cotoyée de deux cotices du même, brochant sur le tout.* Devise : *Nescit labi virtus.*

De ce mariage est issu :

aaa). Geoffroi, écuyer, seigneur de Bougicourt, né en 1642, allié, par contrat devant Jean-Baptiste Trancart, notaire à Amiens, à Françoise Le Comte, veuve d'Antoine du Chaussoy, seigneur de la Mairie, et fille d'honorable homme Jean Le Comte, bourgeois d'Amiens.

Le Comte : *d'azur à la bande d'argent chargée de deux trèfles aussi d'azur et accompagnée de trois étoiles d'or posées deux en chef et une en pointe.*

De ce mariage est issue :

Marie Catherine, alliée à Edmond Dragon, écuyer, seigneur de Ricquemesnil, procureur du Roi au bureau des finances de la Généralité d'Amiens.

Dragon : *d'or à la bande de sable.*

Elle épousa, en secondes noces, le sieur Gueulluy de Rumigny.

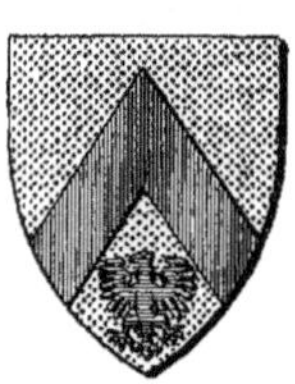

Gueulluy de Rumigny : *d'or à un chevron de gueules accompagné en pointe d'une aigle d'azur onglée et becquée de gueules.*

V

Sébastien Le Thoillier, dit *Guillebon,* écuyer, seigneur d'Angi-villers, était enseigne dans la compagnie du sieur de Saisseval, lorsqu'il mourut vers 1593 [1]. Il avait été homme d'armes dans la compagnie du sieur d'Estrées, lieutenant-général du gouvernement de Picardie. Son diplôme, en date du 12 septembre 1587, est signé de la main de Henri III [2]. Ce prince, après l'avoir traité de *son cher et bien amé Sebastien de Guillebon,* l'exempte, en récompense de ses services, de la contribution aux ban et arrière-ban, dont il pourrait être tenu, à raison de ses terres seigneuriales situées en Picardie.

Le 19 avril 1596, ses héritiers reçoivent quittance d'une somme de 6 écus 40 sols par lui due dans la répartition, entre tous les gentilshommes du bailliage de Clermont, de l'indemnité de route et de séjour allouée à M. Loys d'Erquinvillers, seigneur de Saint-Rimault, qui les a représentés aux États-Généraux de Blois, dont la première séance eut lieu le 16 août 1588 [3]. Sébastien de Guillebon avait épousé Jeanne de Garges.

De Garges : *d'or au lion de gueules.*

Sa femme lui survécut longtemps, ayant la garde noble de ses enfants mineurs, ainsi qu'il résulte d'une quittance du 9 juin 1598 donnée, devant Claude Villet, notaire à Beauvais, à noble homme Aaron Le Thoillier, dit Guillebon.

De ce mariage sont issus :

1° Nicolas, auteur de la branche des Guillebon de Montmirail, dans la Sarthe.

2° Marie.

3° Jeanne, *qui suit :*

(1) *Archives du château de Beauvoir,* n° 18. — (2) Ibidem, n° 3. — (3) Ibidem, n°° 5 et 6.

VI

Jeanne de GUILLEBON, dame d'Angivillers, alliée, en 1602, à Antoine de CORBIE, écuyer, seigneur de Cueilly et de Jourgny. Il était fils de François de Corbie, et de Madeleine de Coulembaut.

DE CORBIE : *d'or à trois corbeaux de sable posés 2 et 1.*

De ce mariage est issu, entre autres :

CHARLES, écuyer, allié à Marie DE BAUDREUIL.

Ils laissèrent une fille :

DENISE, alliée, en 1655, à René DE BRUC, marquis de MONTPLAISIR, lieutenant et gouverneur de la ville d'Arras, mort le 24 août 1689.

DE BRUC : *d'argent à la rose de six feuilles de gueules boutonnée d'or.*

De ce mariage est issue :

JEANNE ROSALIE, dame d'Angivillers, qui apporta cette terre en dot à Louis DE CŒURET, marquis de NESLE, près l'Isle-Adam.

DE CŒURET : *d'argent à trois cœurs de gueules posés 2 et 1.*

Leur fille Odette Thérèse, dame d'Angivillers, épousa César Charles de Flahaut, seigneur de la Billarderie (1).

DE Flahaut : *d'argent à trois merlettes de sable posées 2 et* 1.

Jeanne de Guillebon épousa, en secondes noces, par contrat devant Pulleu, notaire au bailliage de Clermont, le 17 juillet 1604, Antoine de MONCHY, chevalier, seigneur de Saint-Martin, gentilhomme ordinaire de la Chambre du Roi.

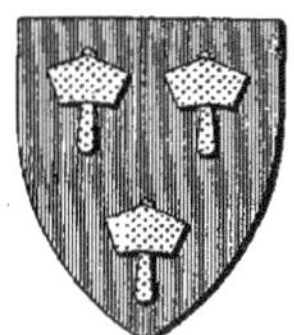

DE Monchy : *de gueules à trois maillets d'or*.

Il était fils de Robert de Monchy, chevalier, seigneur de Cavron, colonel d'un régiment de pied pour la Ligue, chevalier de l'ordre du Roi et gentilhomme de sa Chambre, et de Marguerite de Fiennes, dame d'Hennevaux et de Saint-Martin.

DE Fiennes : *d'argent au lion de sable*.

Antoine de Monchy était capitaine d'une compagnie de cent hommes

(1) *Mémoires de la Société Académique de l'Oise*, Tome VIII, page 220.

de pied, le 3 juillet 1630, et d'une compagnie de cent mousquetaires à cheval, dits carabiniers, le 16 juillet 1635.

Du mariage d'Antoine de Monchy et de Jeanne de Guillebon sont issus :

1° MARIE.

2° JEAN, chevalier, seigneur de Cazau et du Mont-en-Bernouville, capitaine au régiment d'Hocquincourt, allié, par contrat du 23 avril 1648, à Suzanne LE CARON.

LE CARON : *d'azur au chevron d'argent accompagné de six clefs du même posées en sautoir, 4 en chef et 2 en pointe, et surmontées d'une tête de maure aussi d'argent.*

Elle était fille d'Antoine Le Caron, écuyer, seigneur du Cloy et de Licques, et de Michelle de Sommerard.

Ils n'eurent point d'enfant.

SEIGNEURS DE BEAUVOIR

III

Antoine Le THOILLIER, dit *Guilbon,* écuyer, seigneur de Blanc-fossé [1] et de la Mairie d'Angivillers, auteur de la branche de Beauvoir, né avant 1505 et décédé en 1552. Sa pierre tombale existait encore dans l'église d'Angivillers en 1878.

D'après le grand Nobiliaire de Picardie, Antoine Le Thoillier serait fils de Philippe ; c'est une erreur qu'il importe de rectifier. En effet, il résulte de plusieurs pièces authentiques, déposées aux archives du château de Beauvoir, notamment du partage, intervenu le 8 mars 1530, devant Pierre Paumart, notaire et prévôt d'Angy, entre les enfants de Jean de Guillebon [2], et de l'enquête de noblesse faite en la ville de Montdidier, en 1599 [3], qu'Antoine de Guillebon était fils de Jean et frère de Philippe.

Il fut homme d'armes dans la compagnie du sieur de la Rochemabille, depuis 1545 jusqu'au 12 septembre 1549 [4].

Antoine de Guillebon comparaît dans plusieurs actes de cette époque : le 15 avril 1529, il achète à Antoine Boitel et à Denise Lemaistre, son

---

(1) BLANCFOSSÉ, Canton de Breteuil, Arrondissement de Clermont (Oise).
(2) *Archives du château de Beauvoir,* n° 45. — (3) Ibidem, n° 1 et 8.
(4) *Archives du château de Beauvoir.* Certificat délivré par le sieur de la Rochemabille, capitaine de 50 hommes d'armes.

épouse, deux pièces de terre situées à Angivillers [1]. Le 6 novembre 1548, par contrat devant Jean Polleu et Laurent Regnart, notaires au bailliage de Clermont, il achète encore plusieurs pièces de terre au même lieu.

Enfin, le 6 février 1549, il acquiert, par contrat devant Sébastien Lipen et Pierre Macaire, notaires, tous les droits successifs appartenant à Jean Le Page, seigneur de Douy, à cause de Marie Le Thoillier, sa femme, tant comme héritière, en partie, de Catherine Le Thoillier, sa tante, en son vivant demeurant à Compiègne, que de défunte Jeanne Le Caron, jadis femme de Pierre Tristan, sa mère grand [2].

Antoine de Guillebon épousa JEANNE TRISTAN. (*Armoiries*, p. 14.)

Elle était fille de Pierre, écuyer, seigneur de La Rue-Prévost, de Chasserat et de Cardonnois, et de Jeanne Le Caron.

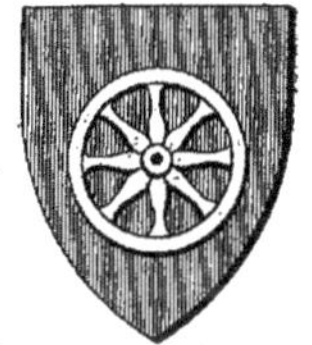

LE CARON : *de gueules à une roue d'argent.*

Jeanne Tristan était petite-nièce d'Antoinette, dame de Maignelay, à laquelle Charles VII fit part de ses faveurs, après la mort de la belle Agnès Sorel [3], et qu'il maria ensuite à Antoine Villequier. Elle descendait du fameux Pierre Tristan qui, en l'an 1214, sauva la vie, par son courage, au roi Philippe-Auguste, à la bataille de Bouvines, en dégageant ce monarque de dessous son cheval et écartant une troupe d'ennemis qui s'approchaient pour s'en emparer.

Pierre Tristan, chevalier, seigneur de Passy, fut chambellan des rois Philippe-Auguste, Louis VIII et Louis IX. Jean Tristan, qui possédait, avec la terre de Maignelay, celle de Montigny, devint grand échanson de Charles V [4].

(1) *Archives du château de Beauvoir*, n° 67. — (2) Ibidem. n° 46.
(3) Agnès Sorel était fille de Catherine Tristan, châtelaine de Verneuil. MORÉRY, T. V, p. 41.
(4) *Histoire de la ville et du doyenné de Montdidier*, par le Père DAIRE, p. 190.

Du mariage d'Antoine Le Thoillier, dit Guillebon, et de Jeanne Tristan sont issus :

1° ANTOINE, *qui suit.*

2° MARIE, alliée à JEAN LE PAGE, écuyer, seigneur de Douy.

LE PAGE : *d'argent à l'aigle éployée de sable armée de gueules* [1].

Marie Le Thoillier mourut en 1586, après avoir eu 14 enfants, entre autres :

a). JEAN, écuyer, seigneur de Douy, huissier aux requêtes du Palais, allié à Élisabeth TOUZEL. Il mourut à Étampes, en 1597. Par son testament, daté de 1596, il laisse à l'église de Jouvignies une rente de 60 livres à prendre sur son fief de Douy.

b). PIERRE, procureur au parlement de Paris.

c). PERNELLE, alliée à Nicolas DE FLÉCHIES.

3° MARGUERITE, alliée à ÉLOY SECOULX, avocat du Roi à Compiègne.

4° JEANNE, alliée à CLAUDE WYON, procureur et conseiller du Roi à Montdidier.

IV

ANTOINE LE THOILLIER, IIe du nom, dit *Guillebon,* écuyer, seigneur de Beauvoir [2], de Blancfossé et du fief de L'Épine-au-Puis [3], fut homme d'armes dans la compagnie de Charles, duc d'Halluin, pair de France, et servit en cette qualité dans les guerres du Piémont. Il fut tué, le 19 dé-

(1) *Notice historique* par M. DE MALINGHEM.
(2) BEAUVOIR, Canton de Breteuil, Arrondissement de Clermont (Oise).
(3) Fief à Beauvoir et à Farivillers.

cembre 1562, à la bataille de Dreux et inhumé dans le cimetière de Dourdan [1].

Antoine Le Thoillier de Guillebon se trouvait à Blancfossé, où il avait sa résidence, lorsqu'il fut un jour *prié et requis,* par les habitants de Beauvoir, *de faire desloger les gens de guerre qui y estoient,* et c'est grâce à son crédit que *lesdicts gens de guerre deslogèrent.* Ce fut lui qui acheta, en 1555, la terre et seigneurie de BEAUVOIR, comme le prouve l'analyse suivante du contrat d'acquisition :

Pardevant Claude Bareau et Pierre Thiébault, notaires au Châtelet de Paris, messire Guillaume de Rochechouart, chevalier, seigneur de Jars, conseiller du roi, maistre ordinaire de son hostel, chambellan de Monseigneur le Dauphin, de Messeigneurs d'Orléans et d'Angoulême, procureur de Noble homme François de Rochechouart, escuyer, seigneur de Labrosse, paroisse de Sancto, bailliage d'Orléans et de Demoiselle Antoinette de Pisseleu, son épouse, ... vend à noble homme Antoine Le Thoillier, seigneur de Blancfossé, demeurant à Angivillers, la terre et seigneurie de Beauvoir, située au bailliage et prévosté de Montdidier, consistant en un ou plusieurs fiefs et en censives d'argent, chappons, grains, champarts et autres droits et en toutes justices haute, moyenne et basse..... ladite terre échue à ladite Antoinette de Pisseleu par le décès de Noble seigneur Antoine de Pisseleu son père, tenue en foi et hommage des seigneurs et seigneuries de Bonneuil, de la châtellenie de Breteuil et de la terre et seigneurie de Vendeuil..... Ladite vente faite moyennant le prix de 4000 livres tournois dont trois mille livres tournois payées comptant en 586 écus d'or soleil et le reste en autre monnoie, le surplus de la somme sera acquitté à Noël.

Lundi, 22 avril 1555, après Pâques [2].

Le 28 juillet 1555, Antoine Le Thoillier fit, avec ses sœurs, Marguerite, épouse de maître Éloy Secoulx, avocat du Roi à Compiègne, Jeanne, épouse de Claude Wyon, procureur et conseiller à Montdidier, et Marie, femme de Jean Le Page, écuyer, seigneur de Douy, le partage des biens provenant de la succession d'Antoine Le Thoillier, son père, et de Jeanne Tristan, sa mère [3].

---

(1) *Archives du château de Beauvoir,* n°° 7, 8 et 9. Enquête faite en 1599 par les commissaires députés par le Roy. Certificat donné par Anne Chabot, duchesse d'Halluin.

(2) *Archives du château de Beauvoir,* n° 69.

(3) *Archives du château de Beauvoir,* n° 42. *Bibliothèque Nationale. Cabinet des Titres. Preuves de Saint-Cyr,* T. 297, n° 59.

Antoine, IIe du nom, épousa Marie Aux COUSTEAUX.

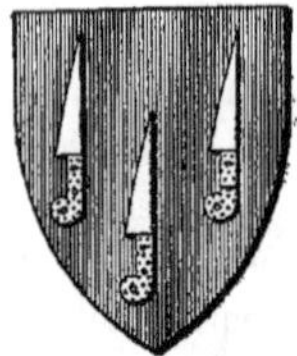

Aux Cousteaux : *de gueules à trois couteaux d'argent, emmanchés d'or, mis en pal les pointes en haut, posés 2 et 1.*

Elle était fille de Jacques Aux Cousteaux, seigneur de Vendeuil, et de Françoise de Sacquespée, et petite-fille de Robert Aux Cousteaux, contrôleur au grenier à sel d'Amiens, et de Laurence Le Bastier de Goincourt.

de Sacquespée : *de sinople à l'aigle d'or becquée et membrée de gueules, chargée sur l'estomac d'une épée d'argent, en bande, tirée d'un fourreau de sable, la poignée et la bouterolle d'or, le pommeau dans le bec de l'aigle.*

Le Bastier de Goincourt : *d'argent au chevron d'azur accompagné de trois roses de gueules boutonnées d'or.*

Marie Aux Cousteaux partagea avec ses frères, François, Pierre et Nicolas, la succession de ses père et mère, par acte passé devant Macaire, notaire à Beauvais, le 7 février 1560 [1]. Elle mourut avant le 5 août 1564.

---

(1) *Bibliothèque Nationale. Cabinet des Titres. Preuves de Saint-Cyr*, T. 298, n° 84.

Du mariage d'Antoine Le Thoillier de Guillebon et de Marie Aux Cousteaux sont issus :

1° CLAUDE, *qui suit*.

2° AARON, auteur de la branche de Blancfossé, *qui suivra*.

3° ANTOINETTE, alliée à CLAUDE BOILEAU, archer des gardes du Roi.

BOILEAU : *d'azur au chevron d'or accompagné de trois trèfles de même.*

4° MARIE, alliée à PIERRE LE CLERC, écuyer, seigneur de Fontenelles et de Brunvillers, en partie. (*Armoiries*, p. 5.)

Leur fils PIERRE, écuyer, seigneur de Fontenelles, épousa, par contrat du 9 juin 1602, passé à Hamenvillers, Anne DE BÉRY.

DE BÉRY : *d'argent à une feuille de scie de sable posée en fasce, les dents en haut, accompagnée de trois têtes de lévriers de même, colletées d'or, posées 2 et 1.*

Elle était fille d'Arthur de Béry, écuyer, seigneur d'Hamenvillers, et de Bonne de Fontaines.

Les témoins cités dans ce contrat sont : Charles Le Clerc, seigneur d'Estournelles et de Brunvillers, en partie ; Claude de Guillebon, écuyer, seigneur de Beauvoir, oncle du futur époux ; Florimond Frérot, écuyer, seigneur de Guyencourt et d'Estrées, demeurant à Guyencourt ; et Philippe de Maintenant, écuyer, demeurant au Saulchoy Damehault (1).

(1) *Archives du château de Beauvoir*, n° 23.

V

Claude de GUILLEBON, écuyer, seigneur de Beauvoir, Blancfossé
et L'Épine-au-Puis, avait environ douze ans à l'époque du décès de son père,
tué à la bataille de Dreux en 1562. Il naquit donc vers l'année 1550 et vivait
encore en 1621, lors du mariage, en secondes noces, de son fils Jean.

Claude de Guillebon fit le relief de sa terre de Beauvoir, devant le bailli
de Breteuil, le 5 août 1564.

En 1577, il partit de Beauvoir avec son frère Aaron, en grand équipage
de guerre, avec quatre chevaux de selle, pour se rendre aux sièges de La
Charité et d'Issoire ; il était accompagné de Antoine Caron, qu'il emmena
avec lui, ainsi que d'autres, pour lui servir de valets. Claude était, à cette
époque, homme d'armes dans la compagnie du sieur de la Rochepot.

Le 23 novembre 1579, par contrat devant Jean Séguin, notaire royal,
Claude de Guillebon épousa Suzanne du CAUREL [1].

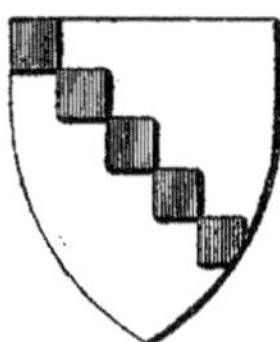

du Caurel : *d'argent aux cinq carreaux
de gueules placés en bande.*

Elle était fille d'Antoine du Caurel, chevalier, seigneur de Taigny, dont
la famille eut l'honneur de fournir plusieurs mayeurs à la ville d'Amiens :
Bertemieu en 1255, Nicolas en 1274, Robert en 1290, Jacques en 1416
et Jean en 1470. De 1561 à 1567, Guillaume du Caurel, chevalier, seigneur de Taigny, d'Ancourt, Welles, Hailles, Marquiviller, etc., conseiller,
chambellan du Roi, exerça la charge de bailli d'Amiens [2].

Furent présents à ce contrat : Sébastien de Guillebon, écuyer, seigneur

(1) *Archives du château de Beauvoir*, n° 22.

(2) P. Daire, *Histoire de la ville d'Amiens*, tome I, p. 75, 76, 79 et 132. De La Morlière, *Antiquités de la ville d'Amiens*, édition de 1626, p. 323 et 409.

d'Angivillers, cousin du futur époux ; Aaron de Guillebon, écuyer, frère du futur, demeurant à Beauvoir ; Charles du Caurel, écuyer, seigneur de Welles et de Marquivillers, frère de la future épouse, demeurant à Welles, et son oncle, Loys de Carvoisin, écuyer, seigneur de Fiefviller, demeurant à Taigny.

Claude de Guillebon prit part, le 20 octobre 1587, à la bataille de Coutras, sous les ordres du duc de Joyeuse, qui y fut tué ; puis au premier siège de la Fère.

Vers 1593, il fut nommé enseigne dans la compagnie du sieur de Saisseval, en remplacement et après le décès de son cousin Sébastien de Guillebon. Il assista, en cette qualité, au siège de Doullens en 1595, où le sieur de Saisseval et plusieurs autres grands capitaines furent tués : il fut lui-même blessé de trois coups de lance et laissé pour mort sur le champ de bataille. Un soldat de sa compagnie, nommé Hennel, l'amena à Amiens pour y être pansé de ses blessures.

Claude de Guillebon servit ensuite sous les ordres du comte de Saint-Pol pendant toute la durée du siège d'Amiens, en 1597.

L'enquête de noblesse faite en la ville de Montdidier, les 25 et 27 février 1599, prouve que « les dits sieurs de Guillebon, seigneurs d'Angivillers, de Blancfossé et de Beauvoir, ont toujours esté et sont réputés nobles et issus de nobles familles, et alliés aux maisons de Gomer, seigneurs de Cuignières et de Taigny ; ont vécu et vivent noblement n'ayant fait acte de dérogeance aux privilèges de noblesse, et ont toujours porté les armes comme leurs prédécesseurs pour le service des Roys de France, estant bien montés et en bon équipage d'hommes d'armes [1]. »

Du mariage de Claude de Guillebon avec Suzanne du Caurel sont issus :

1° JEAN, *qui suit*.

2° CLAUDE, écuyer, seigneur de L'Épine-au-Puis, allié à LOUISE DE CAVOYE. (*Armoiries*, p. 16.)

On croit qu'il fut marié cinq fois.

----

[1] *Archives du château de Beauvoir*, n° 8.

Le 13 avril 1634, Claude de Guillebon, écuyer, seigneur de L'Épine, époux de Louise de Cavoye et frère de Jean de Guillebon, écuyer, seigneur de Beauvoir, fait le transport d'une rente [1].

3° Antoine, marié à Marthe de L'ESPINAY, par contrat passé, avant 1635, devant Vincent Picart, notaire royal au bailliage de Clermont, en la prévôté et châtellenie de la Neuville-en-Hez.

DE L'Espinay : *d'argent à trois losanges de gueules posés 2 et 1.*

Marthe de L'Espinay était veuve de Henry de Fransures, chevalier, seigneur de Villers et de la Verrière.

Comparaissent au contrat de mariage : Denys de L'Espinay, seigneur de Hez et autres lieux, Jeanne de Malingre, son épouse, père et mère de Marthe de L'Espinay ; Claude de Guillebon, père du futur époux ; son frère Jean, écuyer, demeurant à Beauvoir ; Claude de Guillebon, seigneur de Blancfossé, demeurant à La Rue-Saint-Pierre, son second frère ; Charles Le Bastier, écuyer, seigneur de Cormeilles ; François du Metz, écuyer, seigneur de Cry, et Pierre de Radde, écuyer, gendarme de la compagnie des chevau-légers de Monseigneur le comte d'Auvergne [2].

4° Catherine, alliée, par contrat du 19 avril 1619, à Hector de MONS, écuyer, seigneur de Warvillers en partie, veuf de Gabrielle d'Ault.

DE Mons : *d'azur au chevron d'or accompagné en chef de deux molettes, et en pointe d'une rose, le tout du même.*

Le contrat de mariage de Catherine de Guillebon et d'Hector de Mons fut passé à Nampty par devant Charles Peuzé, notaire au bailliage d'Amiens, résidant à Lœuilly ; la future était assistée de Jeanne de Carvoisin, veuve de Jean du Caurel, écuyer, seigneur de Taigny, Nampty et Coppegueule.

(1) *Archives du château de Beauvoir*, n° 99. — (2) Ibidem, n° 29.

5° Marie, alliée, par contrat du 17 avril 1635, à Louis du MESNIL, écuyer, seigneur de Maucourt, demeurant à Fignières, près de Montdidier.

du Mesnil : *d'azur à la bande d'or accompagnée de deux roses d'argent l'une en chef et l'autre en pointe.*

Comparurent à ce contrat : Louis du Mesnil, écuyer, seigneur de Vaux, demeurant à Gratibus, cousin germain du futur époux ; Charles d'Estourmel, chevalier, seigneur d'Herville et de Thieux ; Michel Gabriel Pardu, écuyer, seigneur de Gourguignemont, demeurant au Bois-Regnault ; Jean de Guillebon, écuyer, seigneur de Beauvoir, et Antoine de Guillebon, écuyer, seigneur de la Verrière, frères de la future épouse (1).

6° Charles, curé de Nampty.

« Par devant Nicolas Caron le jeune et Jean-Baptiste Trencart, notaires royaux à Amiens, noble et discret Charles de Guillebon, prêtre, curé de Nampty, donne à Françoise de Guillebon, fille de Jean de Guillebon, escuïer, seigneur de Beaurevoir, y demeurant, une maison, cour, jardin et tènement à Bonvillers, et onze journeaux et demi de terre à Beaurevoir, une somme de 450 livres constituées en rentes sur divers particuliers. » Le donateur s'en réserve l'usufruit. 6 avril 1657 (2).

7° Antoine.

8° N..., prieur de Comville.

On croit que Claude de Guillebon et Suzanne du Caurel eurent encore dix autres enfants, dont on ignore les noms. Suzanne testa à Beauvoir « en l'hostel de la dicte testatrice, le sabmedy trentiesme jour de may 1620, environ dix heures du matin, devant Louis Dupuis, prestre, vicaire de Beauvoir, et Pol Sauvage, clerc de l'église. »

(1) *Archives du château de Beauvoir*, n° 29.
(2) *Archives départementales de la Somme*, B. 92, F. 12, recto.

VI

Jean de GUILLEBON, écuyer, seigneur de Beauvoir, du fief de Vendeuil[1] et autres lieux, gentilhomme d'armes de la compagnie d'ordonnance du comte de Saint-Pol, en 1610. Il entra, en 1617, en cette qualité, dans la compagnie du duc de Longueville, puis dans celle du duc de Chaulnes, où il était encore en 1645[2]. Il épousa, en premières noces, Roberte de VILLEPOIX.

De Villepoix : *d'azur à la croix ancrée d'or cantonnée de quatre ancres d'argent.*

Elle était fille de feu Pierre de Villepoix et de Antoinette Le Sellier.

Le Sellier : *d'or à une aigle d'azur becquée et membrée de gueules.*

Leur contrat de mariage fut passé à Remiencourt, le 13 février 1608, par devant Louis Chocquet, notaire à Moreuil, en présence de Jean du Caurel, écuyer, seigneur de Taigny, oncle du futur époux ; d'Adrien de Boufflers, écuyer, seigneur de Remiencourt et de Laval, gentilhomme de la Maison du Roi, deuxième époux d'Antoinette Le Sellier ; de François de Villepoix, écuyer, seigneur de Ricquebourg, etc. [3].

Roberte de Villepoix testa le 30 novembre 1615 et mourut peu après [4].

---

(1) Fief à Beauvoir.
(2) *Archives du château de Beauvoir*, n° 18. — (3) Ibidem, n° 24. — (4) Ibidem, n° 49.

·De ce mariage est issue :

JOACHINE, alliée à ANTOINE DE MUSSEN, écuyer, seigneur de Montorgueil et de Canteraine, demeurant à Verton, près Montreuil.

DE MUSSEN : *d'azur à trois fasces d'argent, à la hache d'armes du même posée en bande sur le tout.*

Le contrat de mariage fut passé devant Dupuis, notaire à Breteuil, le 20 juin 1635, en présence de Jean de Malingre, seigneur de Hérouar, demeurant à Fontaines-sous-Catheu, et de Claude de Guillebon, écuyer, seigneur de L'Épine, frère du dit seigneur de Beauvoir, demeurant à Gouy-les-Groseillers (1).

Jean de Guillebon épousa, en secondes noces, RENÉE DE VILLE-CHOLLES.

DE VILLECHOLLES : *de gueules au chevron d'argent accompagné de trois molettes d'or.*

Elle était fille de Jean Le Carpentier, écuyer, seigneur de Villecholles, d'Attilly et autres lieux, et de défunte Jacqueline Desfossé, d'une famille originaire du Vermandois.

DESFOSSÉ : *d'or à deux lions adossés et mis en sautoir les queues enlacées de gueules.*

(1) *Archives du château de Beauvoir*, n° 31.

Elle était petite-fille, d'une part, de James Le Carpentier, seigneur de Villecholles et Attilly, et de Jeanne de Luce, veuve de Jean de Cadion, gouverneur du Catelet ; et d'autre part, de Wallerand Desfossé, chevalier, seigneur de Pissy, gouverneur de Ribemont, et de Gabrielle de Crécy, sa troisième femme.

DE Crécy : *d'argent à un lion de sable armé et lampassé de gueules et couronné d'or.*

Le contrat de mariage de Jean de Guillebon et de Renée de Villecholles fut passé, le 12 juillet 1621, par devant Charles de Laube, notaire à Saint-Quentin, au lieu seigneurial d'Attilly.

Assistants du côté du futur époux : messire Antoine de Senicourt, chevalier, seigneur de Saisseval, demeurant en son château de Warmaize, paroisse de Chepoix, prévôté de Montdidier, procureur de Claude de Guillebon, seigneur de Beauvoir, père du futur époux ; Jacques de Senicourt, seigneur de Gannes, y demeurant.

Du côté de la future épouse : Honoré François de Villecholles, écuyer, seigneur de Villecholles et Attilly, demeurant à Attilly, son frère, et Charles de L'Espinay, écuyer, seigneur de Marteville, y demeurant [1].

Jean de Guillebon acquit de Simon Pasquier, lieutenant de la prévôté de Bulles, demeurant à Paris, et par acte du 12 septembre 1624, passé par devant Mes Claude Tronson et Claude Dauvergne, notaires au Châtelet de Paris, la troisième portion du fief de Vendeuil, sis à Beauvoir. Ce fief consistait, dans la totalité, en treize muids et demi de grains — blé et avoine — et autres devoirs seigneuriaux envers le seigneur d'Espagny, à cause de sa seigneurie de Catheu. Le prix de la vente a été de cent livres tournois de rente foncière [2].

(1) *Archives du château de Beauvoir,* n° 26. — (2) Ibidem, n° 24.

Voici la descendance de Jean de Guillebon, telle qu'elle est établie par un mémoire présenté lors de sa succession [1] :

1° Nicolas, *qui suit.*

2° Jean, écuyer, seigneur de Vignolles [2] et de Bazentin [3], né vers 1638. Il épousa, par contrat du 24 septembre 1663, devant Jean Bedin et Vincent Marye, notaires à Péronne, Catherine PLONQUIN, veuve de feu Charles Le Bel, écuyer, seigneur de Cressonville. Ils n'eurent pas d'enfants et Catherine Plonquin laissa, par donation entre vifs du 12 juin 1686, à son neveu, Antoine de Guillebon de Beauvoir, ses droits de quart et de moitié sur la terre et seigneurie de Bazentin [4].

3° Dom Claude, religieux bernardin à l'abbaye du Gard, près Picquigny.

4° Françoise, alliée à Antoine d'ACHEUX, écuyer, seigneur de Bienfay.

D'Acheux : *parti, au 1ᵉʳ d'argent à la croix ancrée de sable, au 2ᵉ d'argent à l'aigle éployée de sable.*

Ils n'eurent pas d'enfants.

5° Anne, religieuse en l'abbaye de Notre-Dame de Biaches.

6° Madeleine, née en 1627, entrée aù couvent des religieuses de S. François, à Montdidier, le 3 décembre 1640, alors qu'elle n'avait que treize ans [5].

7° Marie, religieuse à Biaches.

8° Claudine, religieuse franciscaine à Beauvais.

9° Charlotte, religieuse franciscaine à Montdidier, sous le nom de Sœur de la Croix ; entrée avant 1640.

Jean de Guillebon testa une première fois, le 14 juin 1645, devant le notaire de Breteuil, et une seconde fois, le 10 juillet 1662 [6]. Par ce second testament, déposé entre les mains de Roisin, curé de Campremy, il deshérita sa fille, Mᵐᵉ de Mussen.

<hr>

(1) *Archives du château de Beauvoir* n° 64.
(2) Vignolles, Commune de Montataire, Canton de Creil, Arrondissement de Senlis (Oise).
(3) Bazentin, Canton d'Albert, Arrondissement de Péronne (Somme).
(4) *Archives du château de Beauvoir*, n° 54. — (5) Ibidem, pièce non cotée. — (6) Ibidem, nᵒˢ 52 et 53.

VII

Nɪᴄᴏʟᴀs ᴅᴇ GUILLEBON, chevalier, seigneur de Beauvoir, Evaussaux [1] en partie, du fief de Vendeuil et autres lieux, fut baptisé le 15 octobre 1628 [2].

Il servit, en qualité d'officier, sous le Maréchal d'Hocquincourt. Voici un ordre de route reçu par lui, le 11 avril 1657 :

Passe port et route pour Nicolas de Guillebon. Son Altesse ordonne, au nom de sa Majesté, à l'officier porteur de ceste lettre, d'aller avec 12 cavaliers, estant icy venuz de France, pour prendre service avecq le mareschal d'Hocquincourt, de ceste ville vers Namur, prennant son premier giste à Ouerfsche, de là sur le pays de Namur, s'addressant au comte de Saint Amour, gouverneur et souverain bailly du dict pays et comté de Namur, pour les gistes qu'il aura de besoing, jusques à son arrivée ès lieux qu'il lui désignera ensuyte de la lettre cy joincte, ordonnant sa dicte Altesse aux officiers et gens de loy du dict lieu et aultres, où le dict officier aura ordre de faire giste, de le loger et accommoder avec les dicts cavalliers, de vivres et fourrages nécessaires pour une nuict seullement, et au dict officier, de faire que ce passage se face en si bon ordre que la dicte Altesse n'en ait aulcune plaincte.

Fait à Bruxelle, le 11 d'avril 1657.

Signature illisible [3].

Nicolas de Guillebon fut maintenu dans sa noblesse, par arrêt de la Cour des Aydes, le 26 mars 1665.

Il épousa, par contrat du 8 novembre 1666, devant Pierre Imbert, notaire au bailliage de Montdidier, Fʀᴀɴçᴏɪsᴇ ᴅᴇ HÉNONT.

ᴅᴇ Hᴇ́ɴᴏɴᴛ : *d'azur à une tour d'argent accostée de deux lions d'or tenant chacun une hache d'armes d'argent, le manche d'or.*

(1) Eᴠᴀᴜssᴀᴜx, Hameau de la Commune de Beauvoir.
(2) *Registres de catholicité de la paroisse de Beauvoir.*
(3) *Archives du château de Beauvoir*, n° 100.

Elle était fille de David de Hénont, chevalier, seigneur du dit lieu, de Rotoy, Hautville, Warmaise, Quiry-le-Sec et autres lieux, capitaine au régiment des Gardes, maître d'hôtel ordinaire du Roi et maréchal de camp de ses armées, d'une famille originaire du Boulonnais, et de Antoinette de Hallencourt de Dromesnil.

DE HALLENCOURT DE DROMESNIL : *d'argent à la bande de sable accompagnée de deux cotices de même.*

Françoise de Hénont était née en 1645.

Nicolas de Guillebon mourut subitement près de Broye, en revenant de Montdidier, le 6 février 1686. Il fut inhumé dans l'église de la paroisse Saint-Denis de Beauvoir, le 8 du même mois [1].

Françoise de Hénont testa, le 6 octobre 1711, en faveur de ses filles Antoinette, Aimée et Françoise, et de son fils François, capitaine au régiment royal d'artillerie. Elle assurait aussi, par le dit testament, une rente de 25 livres à sa fille Élisabeth, religieuse au couvent des Dames de Saint-François de Montdidier [2].

Françoise de Hénont fut inhumée à Beauvoir, le 1er mai 1712 [3].

Nicolas de Guillebon et Françoise de Hénont eurent pour enfants :

1° LOUIS, *qui continue la descendance.*

2° FRANÇOIS, écuyer, chevalier de l'ordre royal et militaire de S. Louis, né vers 1671, sous-lieutenant au régiment royal d'artillerie, lieutenant au même régiment, le 31 août 1693 et capitaine, le 25 février 1720.

Il mourut à Metz en Lorraine et fut inhumé dans le caveau de saint Gorgon, le 9 avril 1722, lendemain de sa mort, en présence de M. Adrien de Montoures, chevalier, seigneur de Cagny, major de la ville de Metz ; de M. de la Bréaudé, commandant le régiment ; de M. de Gaffart, premier capitaine ; de MM. Découtures, chevalier de

---

(1) *Registres de catholicité de la paroisse de Beauvoir.*
(2) *Archives du château de Beauvoir, n° 55.*
(3) *Registres de catholicité de la paroisse de Beauvoir.*

Maran, de Saint-Clair, capitaines, et du Mesnil, aide-major du régiment, et des autres officiers de la garnison de Metz [1].

Le portrait de François de Guillebon est conservé au château de Beauvoir.

3° JEAN, écuyer, seigneur de Vendeuil, né vers 1672, servit dans la compagnie des gentilshommes commandée par M. du Fresnes, du 12 novembre 1687 au 28 septembre 1690. Nommé lieutenant au régiment de Piémont, le 30 mars 1692, il passa au régiment d'Oléron, en 1703, et mourut à Madrid, étant capitaine aide-major au même régiment [2].

4° ANTOINE, auteur de la branche de Bazentin, *qui suivra*.

5° ALEXANDRE, écuyer, seigneur des Fréniers, baptisé le 21 novembre 1684. Il fut capitaine d'artillerie, aide-major, et mourut à Beauvoir, le 2 septembre 1706 [3].

6° MARIE, décédée le 20 janvier 1685 et inhumée à Beauvoir [4].

7° ANTOINETTE, née en 1668 et décédée le 15 août 1712, sans avoir été mariée.

8° AIMÉE, née vers 1675, alliée, par contrat du 26 août 1732, à JACQUES DE MONCHY, chevalier, seigneur de Blin.

DE MONCHY : *d'azur à deux têtes de licornes d'argent posées en chef, et une rose d'or en pointe.*

Aimée de Guillebon mourut veuve et sans enfants, le 22 janvier 1750. Elle fut inhumée à Beauvoir.

9° FRANÇOISE, née vers 1678, décédée le 17 avril 1712.

10° MARGUERITE-ÉLISABETH, née en 1679 et morte à Montdidier, au couvent des Dames de saint François, sous le nom de sœur Scolastique.

---

(1) *Archives du château de Beauvoir*, n° 39. — (2) Ibidem, n° 88.
(3) *Registres de catholicité de la paroisse de Beauvoir.* — (4) Ibidem.

VIII

Louis DE GUILLEBON, chevalier, seigneur de Beauvoir, du fief de Vendeuil, d'Evaussaux en partie et autres lieux, baptisé à Beauvoir, le 3 mai 1669 [1].

Il fut nommé sous-lieutenant dans la compagnie Duhoudet, régiment d'infanterie de fusiliers, le 10 janvier 1690 ; lieutenant dans la compagnie de Saint-Michel, régiment royal artillerie, le 6 juillet 1693.

Il quitta le service étant capitaine d'artillerie et chevalier de S. Louis. Son portrait, qui existe encore au château de Beauvoir, le représente en cette qualité.

Il prit part aux sièges de Furnes, de Dixmude, de Charleroi, de Mons, de Namur ; aux batailles de Nerwinde, Steinkerque et Lens ; au bombardement de Bruxelles. Il fut blessé à Fleurus [2].

Il testa en faveur de sa femme, le 23 septembre 1735, devant Antoine Michaud, notaire à Saint-Just [3].

Louis de Guillebon mourut à Beauvoir, le 7 janvier 1736 [4]. Sa pierre tombale était autrefois dans l'ancienne église de Beauvoir. Elle a été rapportée dans la chapelle du château et scellée derrière l'autel.

Il avait épousé, par contrat devant Michault et de Parvillers, notaires à Montdidier, le 3 octobre 1723, MARIE ANNE MARGUERITE DE FORMÉ DE FRAMICOURT [5].

On relève dans ce contrat les noms des personnes suivantes :

Aimée de Guillebon, sœur du futur ; messire Jean Louis du Bos, chevalier, seigneur de Montplaisir, etc.

Dame Renée de Mailly, mère de la future ; messires Jacques Laurent de Formé, chevalier, seigneur de Framicourt, et Antoine de Formé, ses

---

(1) *Registres de catholicité de la paroisse de Beauvoir.*

(2) Certificats et brevets. *Archives du château de Beauvoir,* n° 90.

(3) *Archives du château de Beauvoir,* n° 57. *Bibliothèque nationale. Cabinet des Titres. Chérin,* Tome 102, F° 6, recto.

(4) *Registres de catholicité de la paroisse de Beauvoir.*

(5) *Archives du château de Beauvoir,* n° 32.

frères ; messire Joachim de la Viefville, chevalier, seigneur de Plainval, Leuremont, Rouville, etc., capitaine des vaisseaux du Roi, chevalier de saint Louis, demeurant en son château de Plainval, son cousin issu de germain ; messire Henri François de Bertin, chevalier, seigneur d'Inneville, conseiller du Roi, président, lieutenant général au bailliage et gouvernement de Montdidier.

DE FORMÉ : *d'azur à trois bandes ondées d'argent.*

Marie Anne Marguerite de Formé de Framicourt était fille de Jacques de Formé, écuyer, seigneur de Framicourt, et de Renée de Mailly, dame de Mareuil, d'une des plus illustres maisons de Picardie.

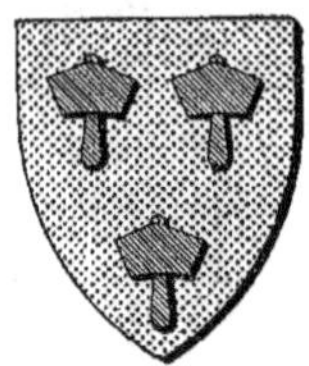

DE MAILLY : *d'or à trois maillets de sinople.*
Devise : *Hogne qui vonra.*

Elle se trouvait petite-fille, d'une part, d'Antoine de Formé et de Marie du Poncet,

DU PONCET : *d'azur à la gerbe d'or, chargée de deux tourterelles de même, et surmontée en chef d'une étoile aussi d'or.*

et, d'autre part, de haut et puissant Seigneur messire Claude de Mailly, chevalier, seigneur de Mareuil, et de Renée de Sénicourt.

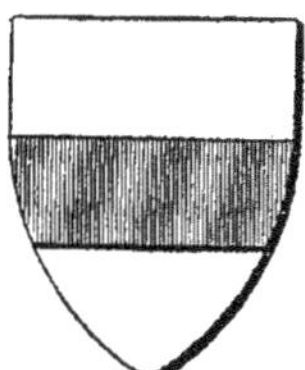

DE SÉNICOURT : *d'argent à la fasce de gueules.*

Marie de Formé avait acheté, par contrat passé à Breteuil, par devant Guillaume Dubois, notaire, le 1er mars 1730, le fief de L'Épine-au-Puis, situé aux terroirs de Beauvoir et Farivillers, à César Alexandre, chevalier, comte de Gouffier, marquis d'Épagny, seigneur du Chaussoy, Épagny, Berny, Hainneville, Gollancourt, etc., moyennant la somme de 3,000 livres.

Elle mourut à Beauvoir le 9 juillet 1748 [1].

Louis de Guillebon et Marie de Formé eurent pour enfants :

1° LOUIS GASTON, baptisé à Beauvoir, le 14 janvier 1725 [2]. Il eut pour parrain et marraine : messire Gaston Adolphe, chevalier de la Viefville, colonel de dragons, et demoiselle Louise de la Viefville ; il mourut en bas âge.

2° ANTOINE, *qui suit.*

3° LOUIS MICHEL NICOLAS, écuyer, né le 10 août 1727. Il servit comme officier au régiment Royal-Artillerie, bataillon de Richecourt, et eut la tête emportée par un boulet de canon au siège d'Ostende, le 19 août 1745, comme l'atteste la pièce suivante :

« Nous, major commandant le bataillon de Richecourt, du régiment Royal Artillerie, avec les capitaines cy soussignés, certifions que Louis Michel Nicolas de Guillebon de Beauvoir, sous-lieutenant au dit bataillon, a été tué d'un coup de canon au siège d'Ostende, le dix neuf aoust mil sept cens quarante cinq. En foy de quoy nous avons délivré le présent certifficat pour servir à ce que de raison, sur lequel nous avons fait mêtre le cachet du régiment.

Fait à la Fère le 27 décembre 1746.

Signé : Villers, du Saussay, Cnes aydes-major ; Montsures, Fravas, d'Eurre d'Autecloche, de Louet de Saleux, Se aide major [3]. »

4° N..., morte en naissant à Beauvoir, 1723.

---

(1) *Registres de catholicité de la paroisse de Beauvoir.* — (2) Ibidem.
(3) *Archives du château de Beauvoir,* n° 85.

IX

Antoine de GUILLEBON, chevalier, seigneur de Beauvoir, Troussencourt [1], Bacouel [2], Rouvroy [3], Morvillers [4], Bonvillers [5], Évaussaux, en partie, et autres lieux, né à Beauvoir, le 13 juin 1726, et baptisé le 15 du même mois [6].

En 1745, il était officier dans un régiment de carabiniers ; après la mort de son frère, tué au siège d'Ostende, il quitta le service et épousa, par contrat du 19 mai 1749, devant Trubert, notaire à Amiens, Marie Catherine Gabrielle de MONS [7].

DE MONS D'HÉDICOURT : *écartelé, au premier d'or à trois merlettes de sable posées deux et une, à la bordure engrelée de gueules, qui est* MORVILLERS ; *au second de sinople à l'escarboucle de chaînes d'or contrefaçonnée de Navarre, qui est* CLABAULT ; *au franc canton de sable chargé d'une croix ancrée d'argent, qui est* DES GROSEILLERS ; *au troisième, contre écartelé aux 1ᵉʳ et 4ᵉ d'azur à l'écusson d'argent, aux 2ᵉ et 3ᵉ de gueules plein, qui est* LE MATRE ; *au quatrième d'azur au chevron d'or accompagné en chef de deux molettes du même, et en pointe d'une rose aussi d'or, qui est* DE MONS.

Furent présents à ce contrat : Louis de Guillebon, écuyer, seigneur de Wavigny, cousin du futur époux ; Jacques de Formé, écuyer, seigneur de Framicourt, son oncle maternel ; Louis Pierre de Monchy, chevalier, seigneur de Cantigny, son cousin, à cause de dame Antoinette de Formé de Framicourt, sa femme ; Aymé Valton de Moran, intendant de M. le comte

(1) TROUSSENCOURT, Canton de Breteuil, Arrondissement de Clermont (Oise).

(2) BACOUEL, même Canton.

(3) ROUVROY-LÈS-MERLES, même Canton.

(4) MORVILLERS, ferme, Commune de Catillon, Canton de Saint-Just.

(5) BONVILLERS, Canton de Breteuil.

(6) *Registres de catholicité de la paroisse de Beauvoir.*

(7) *Archives du château de Beauvoir,* n° 35.

d'Aigremont, son ami. Et du côté de la future épouse : ses père et mère ; Claude François de Mons, chevalier, seigneur d'Hédicourt, son frère aîné ; Marie Marguerite et Marie Firmine Françoise de Mons, ses sœurs.

Marie Catherine Gabrielle de Mons était fille de messire Claude de Mons, chevalier, seigneur d'Hédicourt-Saint-Sauveur, et de Marie Françoise de Mons de Thuison.

DE MONS DE THUISON : *d'azur au chevron d'or accompagné en pointe d'une montagne d'argent, au chef de gueules chargé de trois étoiles d'or.*

Elle était petite-fille, d'une part, de Claude François de Mons, écuyer, seigneur d'Hédicourt, trésorier de France en la généralité d'Amiens, et de Marguerite Waignart,

WAIGNART : *d'azur au chevron d'or accompagné de trois croix de Malte de même, deux en chef et une en pointe.*

et, d'autre part, de François de Mons, écuyer, seigneur de Thuison, capitaine exempt des Cent Suisses de S. A. R. Monsieur, frère du Roi, et de Marie Ringard, qu'il avait épousée, à Amiens, le 4 décembre 1672[1].

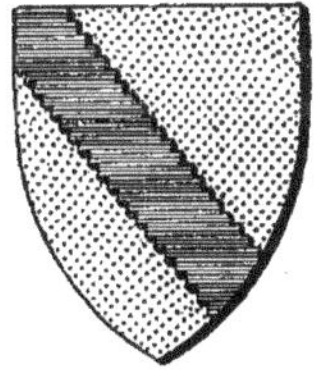

RINGARD : *d'or à la bande engrelée d'azur.*

<hr>

[1] LE BOUCQ DE TERNAS : *Chancellerie d'Artois*, p. 304.

C'est par le mariage de Marie Gabrielle Catherine de Mons que la terre de Troussencourt, estimée alors 55 mille livres, fut apportée dans la famille de Guillebon.

En 1760, Antoine de Guillebon reconstruisit le château de Beauvoir, tel qu'il existe encore de nos jours, à l'exception de la chapelle, bâtie en 1870.

Le 9 juin 1782, il acheta à Pierre Cavé d'Haudicourt, écuyer, doyen des conseillers de la Cour des Monnaies, seigneur de Tartigny, Drancourt, etc., demeurant à Paris, le fief du Quesnoy, sis à Bacouel et Chepoix, tenu de la seigneurie du dit Bacouel. Cette vente fut faite devant Charles Henry Tassart, notaire à Breteuil.

Antoine de Guillebon et sa femme firent le partage de leurs biens entre leurs enfants, Claude Antoine et Marie Françoise Adélaïde, le 29 vendémiaire, an XIII (1804) [1].

Marie Catherine Gabrielle de Mons mourut peu après, à l'âge d'environ 78 ans. Son mari décéda, le 18 nivôse an XIII (1805) [2], en son château de Beauvoir, où se trouve encore son portrait.

Leurs corps reposent dans le caveau de la chapelle de Beauvoir, ainsi que ceux de leurs descendants qui ont possédé cette terre après eux.

Ils eurent cinq enfants :

1º CLAUDE ANTOINE, *qui suit.*

2º MARIE ANNE FRANÇOISE GABRIELLE, née le 12 mars 1750 [3], mariée à son cousin ANTOINE DE GUILLEBON, écuyer, seigneur de Wavigny et décédée sans enfants.

DE GUILLEBON : *d'azur à la bande d'or, accompagnée de trois besans de même, deux en chef et un en pointe.*

(1) *Archives du château de Beauvoir, nº 59.*
(2) *Registres de l'état civil de Beauvoir.*
(3) *Registres de catholicité de la paroisse de Beauvoir.*

3° MARIE FRANÇOISE ADELAÏDE, dite Mademoiselle DE VENDEUIL, née le 9 mars 1751 (1). Elle épousa, par contrat du 4 février 1788, devant Baudelocque, notaire à Amiens, messire MARIE FRANÇOIS, vicomte DU PUJET, chevalier, seigneur de Champagne, en Franche-Comté, de Vincelles, en Bourgogne, et autres lieux, capitaine au régiment royal des Deux-Ponts, fils de feu Pierre Nicolas, comte du Pujet, seigneur de Chadenoux, Lavier et Vincelles, et de Marie Hélène de la Maillorderie.

DE PUJET : *d'or à la montagne de gueules, surmontée d'une fleur de lys du même, au pied nourri.*

Marie Françoise Adélaïde de Guillebon mourut en 1825, sans avoir eu d'enfant.

4° JACQUES JOSEPH, né le 12 décembre 1757 (2), décédé en pension à Paris, le 13 mars 1765.

5° N..., fille, née le 14 septembre 1768, morte le lendemain.

X

CLAUDE ANTOINE DE GUILLEBON, chevalier, seigneur de Beauvoir, Bacouel, Troussencourt, Évaussaux en partie, et autres lieux, né le 2 juin 1752, baptisé, à Beauvoir, le 4 juin suivant.

Il entra dans les chevau-légers de la garde ordinaire du Roi et reçut son certificat le 31 mai 1761 (3). Lors de leur suppression, en 1776, il passa dans les gardes du corps du Roi, compagnie de Luxembourg, fut nommé lieutenant des Maréchaux de France, en 1787, et chevalier de l'ordre royal et militaire de saint Louis, le 10 juin 1792 (4).

Il épousa, par contrat du 29 mars 1786, passé à Amiens, en l'hôtel de

---

(1) *Registres de catholicité de la paroisse de Beauvoir.* — (2) Ibidem.
(3) *Bibliothèque Nationale. Cabinet des Titres. Chérin,* tome 102, f° 6, verso.
(4) *Archives du château de Beauvoir,* n° 86.

M. de Gomer, par devant Me Baudelocque, notaire royal, GABRIELLE MARIE URSULE DE GOMER, chanoinesse honoraire du noble Chapitre de Poulangis en Lorraine.

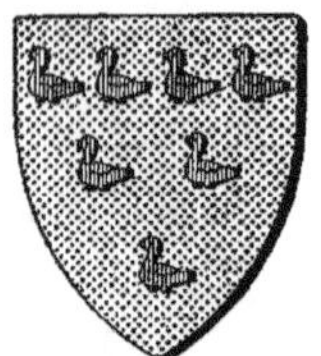

DE GOMER : *d'or à 7 merlettes de gueules posées 4, 2 et 1.*

Elle était fille de messire Charles Gabriel, comte de Gomer, chevalier, seigneur de Quevauvillers, Bougainville, Hinneville, Haut-Moyencourt, officier aux gardes françaises, procureur syndic de la noblesse de Picardie, et de Marie Josèphe Pingré de Fricamps, dame d'Epaumesnil.

PINGRÉ : *d'argent au pin de sinople, fruité d'or et sommé d'une grive de sable.*

Gabrielle de Gomer était petite-fille, d'une part, de Charles François, chevalier, marquis de Gomer, et de Gabrielle Catherine de Mornay de Montchevreuil,

DE MORNAY DE MONTCHEVREUIL : *burelé d'argent et de gueules, au lion morné de sable, couronné d'or, brochant sur le tout.*

et, d'autre part, de Louis François Pingré de Fricamps, chevalier, seigneur de Fricamps, la Houssoye, Longuechart, la forêt d'Ailly, Dambreville et autres lieux, chevalier de l'ordre royal et militaire de saint Louis, ancien sous-brigadier des mousquetaires, et de Marie Thérèse Baron de Noircin.

BARON DE NOIRCIN : *d'or au lion de gueules, au chef d'azur, chargé de trois étoiles d'or.*

Comparurent au contrat de mariage de Claude Antoine de Guillebon et de Gabrielle Ursule de Gomer, les personnes suivantes :

Du côté du futur époux : ses père et mère ; Marie Françoise Adélaïde de Guillebon de Vendeuil, sa sœur ; messire Jacques de Mons, chevalier, seigneur d'Hédicourt-Saint-Sauveur, etc., son oncle, et dame Catherine Thérèse Gaillard, son épouse ; messire Jean-Baptiste Marie de Mons, chevalier, seigneur d'Havernas, son oncle, et Marie Charlotte Aimée de Guizelin, son épouse ; Marie Marguerite de Mons, dame du Plouy-lès-Domart, etc., sa tante, veuve de messire Jean François [1], chevalier de l'ordre royal et militaire de saint Louis, colonel d'infanterie ; messire Jacques de Mons d'Hédicourt, chevalier, garde du corps du Roi, compagnie de Luxembourg, son cousin germain ; messire César de Mons de Meigneux, chevalier, son cousin germain ; messire Marie Jean-Baptiste Pierre François, comte de Gorguette, chevalier, seigneur d'Argœuves, du Bus, etc., capitaine au régiment de Chartres-Dragons, son cousin germain, à cause de dame Françoise Jacqueline Thérèse de Mons de Meigneux, son épouse ; Agathe Ange Mélanie, Marie Charlotte Aimée et Sophie de Mons de Meigneux, demoiselles, ses cousines germaines ; Jean-Baptiste Marie François Xavier de Mons d'Havernas, son cousin germain ; Marie Catherine Gabrielle Ursule de Mons de Guizancourt, sa cousine germaine ; Marie Marguerite Françoise François, sa cousine germaine ; dame Marie Cathe-

---

(1) Jean François, écuyer. seigneur du Plouy et de Domesmont, ancien premier lieutenant des gardes suisses. *(Archives de la famille de Mons.)*

rine Elisabeth Pingré de Sourdon, dame des terres et seigneuries de Sourdon, Coullemelle, etc., veuve de messire Pantaléon Jean Pingré, chevalier, seigneur de Fricamps, etc. ; messire Firmin François Henri de Fay, chevalier de l'ordre royal et militaire de saint Louis, capitaine de cavalerie, garde du corps du Roi, compagnie écossaise, son ami.

Et du côté de la future épouse : ses père et mère ; messire Alexandre Louis Gabriel, vicomte de Gomer, officier au régiment de Royal-Pologne cavalerie, son frère ; messire Christophe Marie Joseph, chevalier de Gomer, officier au régiment de Brye-Infanterie, son frère ; dame Augustine Catherine de Gomer, chanoinesse d'honneur du noble Chapitre de Saint-Pierre de Poulangis, sa sœur ; Marie Thérèse Sophie de Gomer d'Ynneville, demoiselle, sa sœur ; haut et puissant seigneur Louis Gabriel de Gomer, maréchal des camps et armées du Roi, commandeur de l'ordre royal et militaire de saint Louis, inspecteur général de l'artillerie, demeurant ordinairement à Dieuze, en Lorraine, son grand-oncle ; Adélaïde Gabrielle Madelaine de Linard de Vaudricourt, demoiselle, sa cousine germaine ; messire Louis René de Belleval, chevalier, seigneur du Bois Robin, ancien chevau-léger de la garde du Roi, lieutenant des Maréchaux de France, demeurant à Abbeville, son oncle à la mode de Bretagne ; la dite dame Marie Catherine Elisabeth Pingré de Sourdon, dame des terres et seigneuries de Sourdon, Coullemelle et autres lieux, veuve de messire Pantaléon Jean Pingré, chevalier, seigneur de Fricamps et autres lieux, sa cousine ; messire Charles Victor Pingré, chevalier, seigneur de Thiepval, Authuille, Dambreville et autres lieux, chevalier de l'ordre royal et militaire de saint Louis, ancien capitaine de cavalerie, son cousin, et dame Françoise Béatrix Renouard, son épouse.

Très haute et très puissante dame Charlotte Natalie de Manneville, veuve de très haut et très puissant seigneur Jean Victor de Rochechouart, duc de Mortemart, pair de France, brigadier des armées du Roi, prince de Tonnay-Charente, seigneur de Verly, baron de Bray-sur-Seine, marquis de Manneville, demeurant à Paris, en son hôtel, rue Saint-Guillaume, paroisse Saint-Sulpice, la dite dame duchesse de Mortemart, parente du dit seigneur comte de Gomer, et représentée par messire Pierre Ogier, chevalier, ancien capitaine au régiment Dauphin-Infanterie, chevalier de l'ordre royal et militaire de saint Louis, au nom et comme fondé de sa procuration, passée devant Boulard et son confrère, notaires à Paris, le 17 de ce mois. Le brevet original de cette procuration est demeuré joint et annexé aux présentes.

Très haut et très puissant seigneur monseigneur Louis Marie, duc de Mailly, brigadier des armées du Roi, maréchal des camps et armées de Sa Majesté, gouverneur d'Abbeville, lieutenant général de la province de Roussillon en survivance, grand-croix de l'ordre de Malte et premier chanoine d'honneur héréditaire de la Cathédrale de Perpignan, parent des dits seigneur et dame futurs époux, et très haute et très puissante dame madame Marie Jeanne de Talleyrand-Périgord, duchesse de Mailly, ci devant dame d'atour de la Reine, épouse du dit seigneur duc de Mailly.

Très haut, très puissant et très illustre prince Charles François Christian de Montmorency-Luxembourg, premier baron chrétien de France, duc de Beaumont, prince de Tingry, marquis de Bréval, chevalier des ordres du Roi, capitaine des gardes du corps de Sa Majesté, lieutenant général de ses armées et de la province de Flandre, gouverneur de la ville et citadelle de Valenciennes, représenté par messire Emmanuel Marie Charles de Durc ? écuyer, seigneur de la Condrelle, mestre de camps de cavalerie, lieutenant aide-major des gardes du corps du Roi, compagnie de Luxembourg, en vertu de la procuration du dit seigneur prince de Tingry, passée devant notaire à Paris, le 1ᵉʳ de ce mois ; laquelle est demeurée jointe à ces présentes.

Très haut, très puissant et très illustre prince Joseph Aimé Auguste Maximilien de Croÿ, duc d'Havré et de Croÿ, prince du Saint-Empire, grand d'Espagne de la première classe, châtelain héréditaire de la ville de Mons-en-Haynault, gouverneur de Schelestadt, maréchal des camps et armées du Roi, chevalier de l'ordre royal et militaire de saint Louis, seigneur de Lœuilly, Wailly, etc.

A la suite des troubles qui ont éclaté à Amiens, au mois d'août 1789, l'administration municipale fut dévolue à un conseil permanent composé d'un certain nombre d'électeurs des Trois-Ordres. M. Antoine de Guillebon-Beauvoir figure dans ce conseil parmi les électeurs délégués de la noblesse, en compagnie de MM. de Gomer, Le Caron de Chocqueuse, Pingré de Guimicourt, le chevalier de Querrieu, le chevalier de Louvencourt, Poujol d'Avankerque et autres notables habitants d'Amiens [1].

Claude Antoine de Guillebon est mort en son château de Beauvoir, le 19 août 1816 [2]. Il avait testé, ainsi qu'Ursule Gabrielle de Gomer, sa femme, le 12 février 1807 [3]. Ce testament fut déposé chez Me Bouteillé, notaire à Breteuil.

Du mariage de Claude Antoine de Guillebon et d'Ursule Gabrielle de Gomer sont issus :

1° N..., mort en naissant, 1787.

2° N..., morte quelques jours après sa naissance, 1788.

3° ANTOINE JOSEPH THÉODORE, *qui suit*.

4° GABRIEL CÉSAR, auteur de la branche de Troussencourt.

5° ERNEST MARIE JACQUES, auteur de la branche d'Esserteaux.

6° ANATOLE JEAN-BAPTISTE AUGUSTIN, né à Amiens, le 24 juin 1793, entré à Saint-Cyr, le 14 janvier 1810, nommé, le 5 février 1813, sous-lieutenant au premier régiment des tirailleurs de la Jeune-Garde, passé, le 16 janvier 1816, avec le même grade, dans la légion de l'Oise (devenue plus tard le 30e de ligne), nommé lieutenant le 21 juillet 1819.

Il fit la campagne de 1813, assista aux batailles de Lutzen et de Bautzen ; fut fait prisonnier par les Russes à Lauban, en Saxe, le 1er septembre 1813, et rentra en France le 28 septembre 1814. Il prit part à la campagne d'Espagne en 1823, et quitta le service le 25 juin 1824.

Anatole de Guillebon épousa à Amiens, le 19 mai 1824, AGLAÉ LYDIE EULALIE DU TEIL, fille aînée du baron Alexandre du Teil, colonel, chevalier de saint Louis, et de Françoise Youslard d'Yversoy.

DU TEIL : *d'or au chevron de gueules accompagné en pointe d'un tilleul de sinople ; au chef de gueules chargé d'une fleur de lys d'argent accostée de deux étoiles du même.*

(1) JANVIER : *Le Livre d'or de la Municipalité d'Amiens*, p. 302.

(2) *Registres de l'état civil de Beauvoir.*

(3) *Archives du château de Beauvoir*, n° 60.

D'YVERSOY : *d'azur à deux coquilles d'or en chef et au croissant d'argent en pointe.*

Du mariage d'Anatole de Guillebon et de Mademoiselle du Teil sont issus :

a). SIDONIE, née à Amiens, le 8 mars 1825, morte en décembre 1832.

b). VALÉRIE FRANÇOISE AUGUSTINE, née à Amiens, le 31 mai 1828, mariée à Paris, le 16 mai 1848, à Amand Emmanuel Jules JACQUIN DE CASSIÈRES, né à Abbeville le 11 août 1820, substitut du Procureur général en 1856, conseiller à la Cour d'appel d'Amiens en 1862, président de chambre à la même Cour en 1874, nommé chevalier de la Légion d'honneur, le 11 août 1869 ; fils de Jean Jules Jacquin de Cassières, colonel du génie, chevalier de saint Louis, commandeur de la Légion d'honneur, et de Marie Joséphine Elisabeth Le Boucher d'Ailly de Richemont.

DE CASSIÈRES : *écartelé, aux 1ᵉʳ et 4ᵉ d'argent au chevron de gueules, accompagné en chef de deux trèfles de sinople, et en pointe d'une tête de loup coupée de sable et percée d'un dard du même, qui est* JACQUIN DE CASSIÈRES ; *aux 2ᵉ et 3ᵉ d'or au sautoir engrelé de sable, accompagné de quatre aiglettes du même, becquées et membrées de gueules, qui est* LE BOUCHER D'AILLY DE RICHEMONT.

De ce mariage sont issues :

aa). JEANNE JULIETTE LYDIE MARIE, née à Amiens, le 8 août 1849, alliée, le 5 septembre 1871, à Bernard Henri Gaston BEAUVARLET DE MOISMONT, fils de Amédée Beauvarlet de Moismont, ancien officier d'artillerie, et de Adèle Bernard de La Fortelle.

Beauvarlet de Moismont : *de sable au chevron d'argent, accompagné en chef de deux étoiles d'or, et en pointe d'un croissant, aussi d'argent.*

Mme de Moismont est décédée, le 11 décembre 1872, laissant une fille, Antoinette.

bb). Marie Flavie Thérèse, née à Amiens, le 4 septembre 1857, alliée, le 20 juillet 1887, au comte Georges de Barthon de Montbas, capitaine au 72e de ligne.

de Barthon de Montbas : *d'azur au cerf gisant d'or, onglé et ramé de même, au chef échiqueté d'or et de gueules de trois traits.* Devise : *Sans y penser.*

c). Édouard Louis Clément, né à Amiens, le 27 mars 1834, engagé volontaire au 4e régiment de Chasseurs à cheval, lieutenant au 12e ; chevalier de la Légion d'honneur ; décédé, le 23 novembre 1865, à l'hôpital militaire de Saltillo, pendant la campagne du Mexique.

La pierre qui recouvre sa tombe porte l'inscription suivante :

Les Officiers du 12e régiment de Chasseurs à leur bon camarade
Édouard de GUILLEBON, lieutenant,
chevalier de la Légion d'honneur, décédé a Saltillo, le 23 novembre 1865.

7° Marie Fortuné Joseph Édouard, né à Fricamps, le 22 octobre 1794, entré à Saint-Cyr en février 1811 ; nommé, le 5 février 1813, sous-lieutenant au 1er régiment de tirailleurs grenadiers de la Jeune-Garde. Il fit la campagne de 1813 à la Grande Armée, assista aux batailles de Lutzen et de Bautzen et fut fait prisonnier à la bataille de Leipsick ; on n'a plus eu depuis de ses nouvelles.

8° Charles Alexandre Ferdinand, né à Fricamps, le 3 juin 1796, entré en 1813 dans les Gardes d'honneur, passa en 1814 aux chevau-légers et suivit le Roi à Gand. Il fit la campagne de 1823 en Espagne, au 12e régiment de ligne, et quitta le service en 1825.

Il épousa, le 8 mai 1827, à la Motte-des-Prés (Yonne), Marie Joséphine Elvire du PONT, née le 3 avril 1803, fille de Pierre Marie Gaëtan du Pont, ancien conseiller au Parlement de Paris, ancien conseiller d'État, et ancien Intendant général de la Marine à Toulon, et de Marie Françoise de Fougeret.

DU PONT : *d'azur au chevron d'or accompagné, en chef, de deux étoiles d'argent, et en pointe d'une huppe de même.*

Ferdinand de Guillebon est mort à Paris, en 1840, des suites d'une chute de cheval.

De son mariage sont issues :

a). MARIE JOSÈPHE OCTAVIE, née le 10 mai 1829, alliée, le 6 février 1850, à Claude Philippe ARMYNOT DU CHATELET.

DU CHATELET : *d'argent à trois mouchetures d'hermine de sable.* Devise : *Armis notus.*

Marie Josèphe Octavie de Guillebon est décédée, le 28 décembre 1859, laissant de son mariage :

aa). FERNAND, né le 23 septembre 1851.

bb). EDWIGE, née le 14 octobre 1852, en religion mère Saint-Jean, chanoinesse de Saint-Augustin, au couvent des Oiseaux, à Paris.

cc). CHRISTIAN, né le 6 octobre 1853, entré à Saint-Cyr en novembre 1872, sous-lieutenant au 140ᵉ de ligne, le 1ᵉʳ octobre 1874, lieutenant au 7ᵉ bataillon de Chasseurs à pied, le 26 décembre 1879, capitaine adjudant-major au 13ᵉ bataillon de Chasseurs alpins, le 25 octobre 1885, après avoir fait la campagne de Tunisie.

Christian du Châtelet a épousé, le 7 novembre 1882, Amélie DE MONTACHET.

DE MONTACHET : *de sable au chevron cousu de gueules, accompagné en chef de deux étoiles d'argent, et en pointe d'une gerbe de même liée de gueules.*

De ce mariage sont issus :

HENRI, né le 9 juillet 1884. — BERTHE, née le 23 août 1885. — GENEVIÈVE, née le 26 août 1886.

dd). RAOUL, né le 21 octobre 1854, entré à Saint-Cyr, le 20 novembre 1872, sous-lieutenant au 22ᵉ de ligne, le 1ᵉʳ octobre 1874, lieutenant au même régiment, le 13 mai 1881, nommé capitaine au 133ᵉ de ligne, le 4 mars 1887.

Il a épousé, le 28 mars 1881, Alice LE PRIEUR DE ROCQUEMONT, dont il a une fille : LOUISE.

LE PRIEUR DE ROCQUEMONT : *d'azur au chef d'argent chargé de trois têtes de léopard au naturel.*

ee). OCTAVE, né le 11 janvier 1859, entré à Saint-Cyr, le 3 novembre 1877, sous-lieutenant au 10ᵉ de ligne, le 1ᵉʳ octobre 1879, lieutenant au 50ᵉ de ligne, le 25 novembre 1884, nommé capitaine au 89ᵉ, le 29 décembre 1890. Il a épousé, le 17 février 1891, Marie Louise WALLÈS.

ff). BLANCHE, née le 22 décembre 1859, alliée, le 28 novembre 1882, à René LE FEBVRE DE NAILLY.

LE FEBVRE DE NAILLY : *d'azur à trois fèves d'argent.*

De ce mariage sont issus :

GERMAINE, née le 2 octobre 1883. — CHARLOTTE, née le 5 mai 1885. — ÉDOUARD, né le 13 octobre 1886. — LOUISE, née le 6 juillet 1888. — JOSEPH, né le 10 mai 1890. — JEAN, né le 5 décembre 1891.

b). MARIE PHILOMÈNE BÉATRIX, née le 27 février 1835, à Dicy, canton de Charny (Yonne), alliée, le 9 février 1858, à Albert DUPRÉ DE BOULOIS.

DUPRÉ DE BOULOIS : *d'azur au chevron d'or accompagné de trois roses d'argent, deux en chef et une en pointe, celle-ci soutenue d'un croissant du même, au chef d'argent chargé de trois étoiles de gueules.*

De ce mariage sont issus :

aa). OCTAVE, né le 17 février 1866.

bb). MARIE GABRIELLE, née le 29 février 1872, alliée, le 25 novembre 1890, au vicomte PERROT DE CHAZELLES, lieutenant au 113° de ligne.

PERROT DE CHAZELLES : *coupé d'azur et d'argent, le premier chargé d'une potence ondée de gueules, renversée et chargée en cœur d'un annelet d'argent ; le second, au mouton passant d'argent.*

9° Auguste Gustave Gaspard, né à Fricamps, le 6 octobre 1797, conseiller auditeur, en 1820, nommé conseiller à la Cour royale d'Amiens en 1829, démissionnaire en 1830. Il se consacra dès lors entièrement aux œuvres religieuses et mourut le 7 février 1864.

10° Aline Victoire, née le 6 février 1799, décédée à Beauvais le 17 avril 1859.

Elle avait épousé, le 22 novembre 1820, Jean-Baptiste Étienne DANSE de FROISSY.

Danse de Froissy : *d'azur au chevron d'argent, accompagné en chef de deux épis de blé d'or, et en pointe d'une grappe de raisin du même.*

De ce mariage sont issus :

a). Marie Camille Gabrielle, née le 17 décembre 1821, alliée, le 3 janvier 1844, à Sainte-Marie Guyard de Chalembert.

de Chalembert : *tiercé en pal, au 1ᵉʳ d'argent à la fasce de gueules, accompagnée en chef de trois croissants mal ordonnés, et en pointe de trois étoiles posées 2 et 1, le tout du même ; au 2ᵉ d'azur plein, et au 3ᵉ d'hermine.*

Elle est morte, sans postérité, le 14 janvier 1887, après avoir perdu son mari, le 11 décembre 1879.

b). Gustave Gomer, né, le 24 avril 1824, à Beauvais, entré à l'École Polytechnique dans la promotion de 1843-1845, successivement ingénieur ordinaire et ingénieur en chef des Ponts-et-Chaussées, de 1848 à 1881, nommé chevalier de la Légion d'honneur, le 8 août 1867. Il épousa, le 24 août 1854, Fanny Enlart de Guémy.

Enlart de Guémy : *d'or à dix losanges d'azur accolés et posés 3, 3, 3 et 1.*

Elle est morte, à Amiens, le 10 décembre 1866, laissant de son mariage :

aa). VALENTINE, née le 6 février 1856, décédée le 21 avril 1868.

bb). PAUL, né le 16 janvier 1861, décédé le 25 octobre 1880.

cc). CAMILLE, né le 29 novembre 1863, allié, le 7 mai 1890, à sa cousine Edmée DE WITASSE, fille de Léon de Witasse et de Hélène de Guillebon.

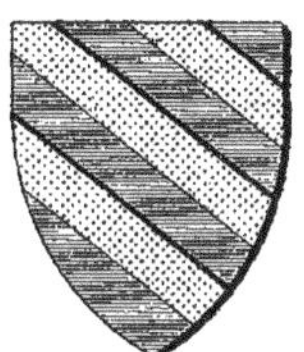

DE WITASSE : *d'azur à trois bandes d'or.*

c). CÉLINE, née en juillet 1825, décédée le 30 janvier 1848.

d). MARIE SOPHIE, née en juillet 1827, en religion sœur Jeanne, décédée, le 10 octobre 1891, supérieure de la Communauté des Sœurs de Saint-Vincent de Paul à Beauvais, dans la 32e année de sa vocation.

e). MARIE, née le 1er avril 1829, alliée, le 9 novembre 1855, à Armand Alexandre Joseph DE LATTAIGNANT DE LÉDINGHEN.

DE LÉDINGHEN : *d'azur à trois coqs d'or.*

De ce mariage sont issus :

aa). GASTON, né à Chevreuse, le 29 septembre 1856.

bb). BATHILDE, née à Chevreuse, le 15 juillet 1858, décédée à Wimille, le 18 décembre 1880.

cc). VICTOR, né à Pont-Sainte-Maxence, le 5 janvier 1861, marié, le 28 mai 1889, à Berthe GRENIER DE CAUVILLE, décédée sans postérité, le 4 août 1891.

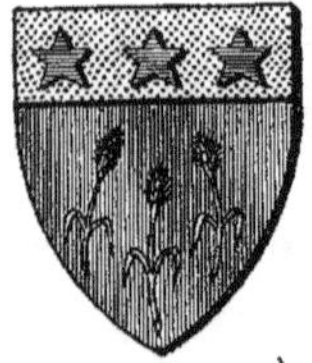

DE CAUVILLE : *de gueules à trois épis d'or rangés en fasce, au chef du second chargé de trois étoiles d'azur.*

dd). ARMAND MARIE JOSEPH, né à Wimille, le 5 novembre 1868, décédé le 25 janvier 1881.

f). PAULINE, née en 1833, décédée en 1844.

11° LOUIS PAUL EMMANUEL, *qui suivra.*

12° ÉDOUARD LOUIS JOSEPH, demeurant au château de Ricquemesnil et possesseur de la terre de Bazentin, né à Fricamps, le 19 juillet 1803, entré à Saint-Cyr, le 9 septembre 1819, nommé sous-lieutenant, le 1er octobre 1821. Attaché, en cette qualité, au 25e régiment de ligne, par ordonnance royale du 3 janvier 1822, il fit la campagne d'Espagne, fut nommé lieutenant, le 29 octobre 1826, et quitta le service en 1829.

Il épousa, le 12 juillet 1836, LOUISE FRANÇOIS DE DOMESMONT, née à Amiens, le 8 mai 1808.

FRANÇOIS DE DOMESMONT : *de sable au lion d'or posé sur une montagne à trois coupeaux, d'argent, soutenant, de la patte senestre, un trèfle du même.*

Elle était fille de Henri Gaspard François de Domesmont et de Sophie Élisabeth Blondin de Baisieux.

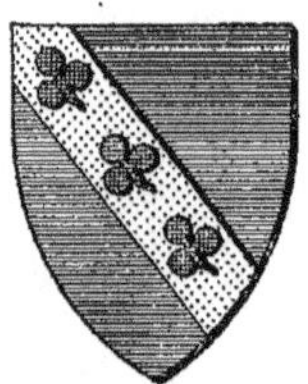

BLONDIN DE BAIZIEUX : *d'azur à la bande d'or chargée de trois trèfles de sable.*

Mme Édouard de Guillebon est décédée, le 31 mars 1888, sans laisser de postérité ; elle a été inhumée à Ricquemesnil.

13° ALBERT LOUIS ALAIN, né le 31 août 1807, allié, le 18 septembre 1834, à MATHILDE EUGÉNIE JOSÉPHINE D'AIX, née le 6 juillet 1806, qui lui apporta la terre et le château de Remy-en-Artois.

D'AIX : *d'argent à trois merlettes de gueules posées 2 et 1.*

Elle était fille de Pierre François Maurice, baron d'Aix, seigneur de Remy, et de Alexandrine Joséphine Grenet de Marquette, fille du marquis de Blérancourt.

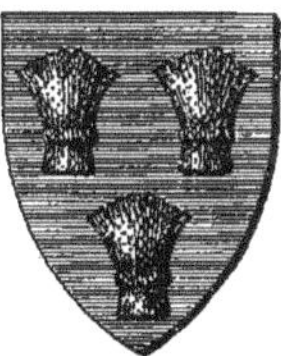

GRENET DE BLÉRANCOURT : *d'azur à trois gerbes d'or liées de gueules, posées 2 et 1.*

Albert de Guillebon est décédé le 31 mars 1880, après avoir perdu sa femme, le 24 novembre 1879. Tous deux ont été inhumés à Remy.

De ce mariage sont issus :

a). Léonide Marie Joséphine, née le 6 juillet 1835, alliée, le 22 avril 1857, à son cousin germain, le comte Henri de Guillebon-Beauvoir.

b). Maurice César Arthur, né à Arras, le 14 juin 1837, mort à Amiens, le 9 janvier 1874, et inhumé à Remy. Il avait épousé, le 2 mai 1865, Louise Frédérique Marie de Joybert, fille du baron Louis Antoine Paulin de Joybert et de Louise Françoise Caroline de Montangon.

DE Joybert : *d'argent au chevron d'azur, surmonté d'un croissant de gueules et accompagné de trois roses du même, 2 en chef et 1 en pointe.*

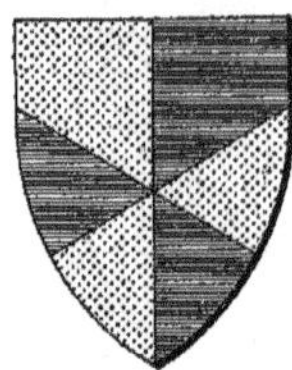

DE Montangon : *gironné d'or et d'azur de six pièces.*

De ce mariage sont issues :

aa). Marie Louise Clotilde, née le 16 avril 1866, mariée, le 3 août 1887, à Amédée de Francqueville, fils de Adalbert de Francqueville, membre du Conseil général de la Somme, demeurant au château de Remiencourt, et de Berthe Lallart de Lebucquière.

DE Francqueville : *d'azur à une étoile d'or surmontée d'un lambel du même en chef.*

Lallart de Lebucquière : *d'or au chevron de gueules accompagné de trois étoiles de sable, rangées en chef, et d'un croissant montant du même, en pointe.*

De ce mariage est issu :

Adalbert, né le 22 mars 1890.

bb). Marie Joséphine Louise, née le 3 avril 1868, décédée à Amiens, le 2 décembre 1888, et inhumée à Remy.

cc). Marie Léonide Adeline Thérèse, née le 2 mars 1873.

XI

Antoine Joseph Théodore, comte de GUILLEBON-BEAUVOIR, né à Amiens, le 14 juillet 1789, élève à l'École militaire de Fontainebleau, le 19 septembre 1805, sous-lieutenant au 25ᵉ régiment d'infanterie légère, le 14 décembre 1806, lieutenant au même régiment, le 25 avril 1809. Il passa de là au 4ᵉ bataillon auxiliaire d'infanterie légère, le 1ᵉʳ janvier 1810, puis au 8ᵉ régiment d'infanterie légère, — régiment de Condé, — le 16 septembre 1814, et à la légion de l'Oise, devenue 30ᵉ de ligne, le 16 janvier 1816. Nommé capitaine au 30ᵉ de ligne, le 4 mai 1820, il fut admis au traitement de réforme, le 16 juin 1824, et rayé des contrôles, le 30 juin de la même année.

Théodore de Guillebon fit la campagne de Prusse et de Pologne, en 1807, et celle d'Autriche, en 1809. Il fut blessé, à Friedland, d'un coup de feu à la jambe, et d'un autre, au pied, à la bataille d'Essling.

Attaché à l'armée d'Espagne, il fut cité à l'ordre du jour, le 8 septembre 1810; blessé et fait prisonnier de guerre par les Anglais, le 19 janvier 1812, à Ciudad-Rodrigo, il ne rentra en France que le 12 décembre 1813. Pendant la campagne de Belgique, il fut de nouveau blessé, le 15 juin 1815, à Bielgue.

Le comte de Guillebon-Beauvoir fut nommé chevalier de la Légion d'honneur, le 18 mai 1815, et chevalier de saint Louis, le 14 octobre 1823.

Voici l'ordre du jour du 8 septembre 1810 :

Le 31 août 1810, le chef d'escadrons Saint-Chamans, aide de camp de son Excellence Monsieur le Maréchal duc de Dalmatie, deux courriers, deux estafettes escortés par le sergent Petit et trente hommes du 4ᵉ auxiliaire, qui n'avaient jamais vu le feu, sont surpris et enveloppés entre les postes d'Ormilloz et Pietz-Eglesias, par les bandes réunies de Faornil et de Thomas Pruiloz, fortes ensemble de 6 à 700 hommes. A un quart de lieue du poste, les brigands, serrés en masse dans le canal de la rivière, débusquent par un chemin creux, tombent sur l'estafette qui avait voulu prendre les devants ; il est enveloppé et assassiné, son cheval tué et ses dépêches enlevées. Le sergent lui-même est blessé des premiers coups de fusil, et déjà son accident avait jetté le découragement dans sa troupe, mais le chef d'escadron, Saint-Chamans, ayant réussi à gagner un ravin boisé et à ranimer, par son exemple, ses discours et sa disposition, le courage de son escorte, s'y maintint pret de trois heures ; il aurait infailliblement succombé, mais le lieutenant de Guillebon, commandant le poste d'Ormilloz, ne consultant que le danger de ses camarades, accourt avec 20 hommes qui lui restaient, traverse une plaine d'une lieue, s'ouvre un passage à travers les brigands, vient dégager le chef d'escadron et son escorte et les ramène à Valdestillas.

Le détachement s'est très bien montré et le sergent Petit, quoique blessé très grièvement, a continué de combattre avec un courage qui n'a pas peu contribué à soutenir celui de ses jeunes soldats dont 10 sur 30 ont été blessés.

J'ai l'honneur de prier de vouloir bien faire valoir, près de Sa Majesté, la fermeté de Monsieur Saint-Chamans, le courage du sergent et de ses jeunes conscripts, et la résolution de Monsieur de Guillebon qui a réellement sauvé ce détachement par sa marche hardie.

Je ne donnerai pas les mêmes éloges au commandant du poste de Pietz-Eglesias, qui avait 60 hommes et s'est contenté de les mettre en bataille devant son retranchement.

Valadolid, le 14 septembre 1810.

Général de division,
Kellerman.

P. C. C. : l'Adjudant Barthelemy.

Général de brigade,
Bessierres.

P. C. C. : Fourtin.

Ce rapport sera lu pendant quatre jours devant la compagnie.

Le comte de Guillebon-Beauvoir épousa, le 22 septembre 1824, MARIE JOSEPH FLAVIE LE VASSEUR DE BAMBECQUE MAZINGHEM, fille de M. Le Vasseur de Bambecque Mazinghém et de Mlle Garson de Boyaval.

DE BAMBECQUE MAZINGHEM : *d'or à une rose de gueules boutonnée d'or et pointée de sinople.*

GARSON DE BOYAVAL : *de gueules à la fasce d'argent chargée de trois roses aussi de gueules boutonnées d'argent.*

Elle était petite-fille, d'une part, de M. Le Vasseur de Bambecque Mazinghem et de Mlle Leroy de Méricourt,

LEROY DE MÉRICOURT : *d'azur à l'aigle éployée d'or, accompagnée de trois roses de même.*

et, d'autre part, de M. Garson de Boyaval et de Mlle Woorms.

WOORMS : *d'azur au chevron d'or, accompagné en pointe d'un croissant de même; au chef de gueules chargé d'une fleur de lys accostée de deux étoiles d'argent.*

Le comte de Guillebon mourut, à Amiens, le 25 octobre 1876, et fut inhumé dans la chapelle du château de Beauvoir. Sa femme lui survécut quelques années et décéda à Amiens, le 24 mars 1883.

De ce mariage sont issus :

1° HENRI, *qui suit.*

2° EDMOND, né le 8 août 1827, demeurant à Amiens.

3° PAULINE, née le 11 septembre 1833, demeurant à Amiens.

XII

Henri Joseph, comte de GUILLEBON-BEAUVOIR, né à Beauvoir, le 8 avril 1826, épousa à Arras, le 22 avril 1857, sa cousine germaine, Léonide de GUILLEBON, fille de Albert de Guillebon et de Mathilde d'Aix ; petite-fille, d'une part, de Claude Antoine de Guillebon et de Gabrielle de Gomer, et, d'autre part, de Pierre François Maurice, baron d'Aix, seigneur de Remy, et d'Alexandrine Joséphine Grenet de Marquette, fille du marquis de Blérancourt.

Le comte Henri de Guillebon-Beauvoir est décédé, à Amiens, le 5 juin 1888, et a été inhumé dans la chapelle du château de Beauvoir.

C'est pendant son administration, comme maire de Beauvoir, que l'église actuelle a été bâtie. Ses armoiries, celles de sa femme, de son père, de sa mère et de ses enfants ont été placées sur les vitraux de la chapelle de la sainte Vierge et sur ceux du chœur.

De ce mariage sont issus :

1° Maurice, *qui suit.*

2° Marie, née le 3 juillet 1859, alliée, le 24 mai 1882, à son cousin Félix WARNIER de WAILLY de WANDONNE.

Warnier de Wailly de Wandonne : *d'argent au chevron d'azur, accompagné en chef de deux étoiles de gueules, et en pointe d'un lion du même.*

Il est fils de Frédéric de Wailly de Wandonne et de Marie de Bambecque-Mazinghem. (*Armoiries,* p. 64.)

De ce mariage sont issus :

a). Mathilde, née le 18 mai 1883.

b). Germaine, née le 23 août 1884.

c). Pauline, née le 28 mai 1886.
d). Joseph, né le 27 février 1889.
e). Albert, né le 17 avril 1891.

3° Louise, née le 3 août 1860.

4° Paul, mort en bas âge.

5° Théodore, né le 1er septembre 1865.

6° Emmanuel, né le 18 février 1876.

XIII

Maurice Joseph Antoine, comte de GUILLEBON-BEAUVOIR, chef de nom et d'armes de sa maison, propriétaire actuel du château de Beauvoir, né à Arras, le 11 février 1858. Il a épousé, le 6 octobre 1887, Noémi PRÉVOST, fille de M. Édouard Prévost et de Amélie de Madre. La famille Prévost, qui portait autrefois le nom de d'Amiens, obtint de le changer, par arrêt du Conseil d'Artois de 1759, constatant qu'elle n'avait aucun lien de parenté avec le trop célèbre Damiens.

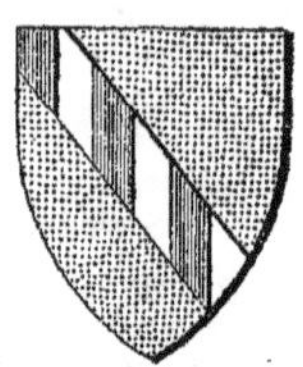

D'Amiens : *d'or à la bande palée de gueules et d'argent de six pièces* [1]. Plus anciennement : *de gueules au chevron de vair.*

de Madre : *d'azur à un double lacs d'amour d'or.*

---

(1) *Armorial général de France. Généralité de Picardie. Élection de Saint-Pol, f° 79.*

De ce mariage sont issus :

1° CHARLOTTE, née le 14 juillet 1888.

2° HENRI, *qui suit.*

XIV

ANTOINE EDOUARD HENRI JOSEPH DE GUILLEBON-BEAUVOIR, né le 31 avril 1891.

BRANCHE DE TROUSSENCOURT

XI

Gabriel César de GUILLEBON, quatrième fils de Claude Antoine de Guillebon, chevalier, seigneur de Beauvoir, et de Gabrielle Marie Ursule de Gomer.

Il naquit, à Amiens, le 23 décembre 1790, et épousa, par contrat du 14 mai 1818, Flore BISSON DE LA ROQUE.

Bisson de La Roque : *d'argent au chevron d'azur accompagné de trois losanges de gueules, au chef échiqueté d'argent et de sable.*

Elle était fille de Claude François Gabriel Joseph Bisson de la Roque, écuyer, maire de Bourseville, et de Marie Anne Françoise Le Doux.

Mme de Guillebon mourut au château de Troussencourt, en 1865 ; son mari était décédé, le 25 avril 1847.

De ce mariage sont issus :

1° Hector, *qui suit.*

2° GABRIELLE, née le 1ᵉʳ août 1819, décédée en 1841.

3° ESTHER, née le 1ᵉʳ janvier 1822, alliée, le 17 février 1846, à CHARLES BOREL, baron DE BRÉTIZEL, alors âgé de 49 ans.

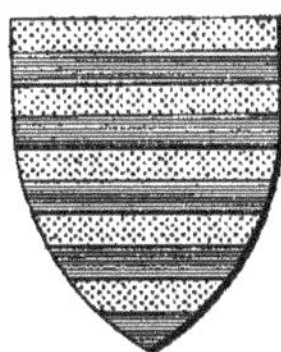

BOREL DE BRÉTIZEL : *burelé d'or et d'azur de dix pièces.*

Il est décédé, le 26 février 1874, sans avoir eu d'enfants. Sa veuve, entrée la même année au couvent de la Visitation de Rouen, sous le nom de sœur Joseph de Sales, y est décédée le 24 mars 1891.

4° HÉLÈNE, née le 19 juin 1832, alliée, le 17 août 1852, à LÉON DE WITASSE, membre du Conseil général de la Somme, propriétaire du château d'Acheux. (*Armoiries,* p. 58.)

De ce mariage sont issus :

a). RAOUL, né le 7 mai 1854, allié, le 22 septembre 1879, à Charlotte Françoise Maria D'HESPEL DE GIVENCHY.

D'HESPEL : *écartelé aux 1ᵉʳ et 4ᵉ d'or à trois fleurs d'ancolis de gueules fascées d'azur ; aux 2ᵉ et 3ᵉ d'argent au chevron d'azur chargé d'un chevron d'or.*

De ce mariage sont issus :

aa). HEDWIGE, née, le 17 avril 1882, à Lille.

bb). MADELEINE, née, le 22 juillet 1884, à Acheux.

cc). JOSEPH, né le 27 février 1887.

dd). MARIE MARGUERITE, née le 25 juillet 1888.

b). EDMÉE, née le 18 septembre 1866, mariée, le 7 mai 1890, à son cousin Camille DE FROISSY. (*Armoiries,* p. 57.)

XII

HECTOR, vicomte DE GUILLEBON, né le 22 juin 1825, allié, le 3 juillet 1853, à HENRIETTE DOÉ DE MAINDREVILLE.

DOÉ DE MAINDREVILLE : *d'azur au chevron d'or accompagné de trois roses de même.*

Elle était fille de Pierre Doé de Maindreville et de Charlotte Octavie Coquebert de Montbret.

COQUEBERT DE MONTBRET : *de gueules à trois coqs d'or posés 2 et 1.*

De ce mariage sont issus :

1° THÉRÈSE, née le 25 août 1854, alliée, le 15 janvier 1879, à GABRIEL DE COUDENHOVE, d'une famille des Ardennes, qui compte aussi des représentants en Autriche.

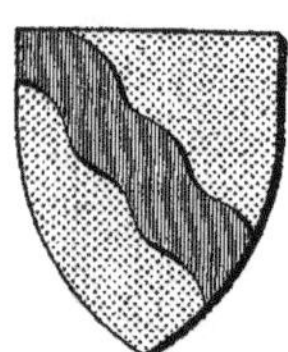

DE COUDENHOVE : *d'or à la bande ondée de gueules.*

De ce mariage sont issus :

a). JEAN, né le 17 mai 1880.

b). ANDRÉ, né le 5 septembre 1881.

c). PAULINE, née le 26 mars 1883.

d). CÉCILE, née le 20 novembre 1884.

e). PIERRE, né le 14 février 1887.

f). BERNARD, né le 8 juin 1889.

g). ROGER, né le 6 avril 1890.

2° MAXIME, *qui suit.*

3° SOPHIE, née le 24 mars 1858, mariée, le 9 décembre 1886, à ANDRÉ PATRIS DE BREUIL *(fascé de sable et d'argent).*

De ce mariage sont issus :

a). HENRIETTE, née le 10 décembre 1887.

b). YVONNE, née le 2 janvier 1889.

c). MICHEL, né le 27 juillet 1890.

4° JEANNE, née le 27 décembre 1859, mariée, le 9 janvier 1889, à HENRI DE BAUDOT, attaché à l'administration des Douanes, après avoir fait la campagne de Tunisie.

DE BAUDOT : *d'azur au chevron d'or accompagné de trois molettes d'éperon de même.*

5° CLOTILDE, née le 9 novembre 1861.

6° OCTAVIE, née le 26 mai 1863, fille de la Charité.

7° MADELEINE, née le 18 octobre 1869.

8° LUCIEN, né le 4 août 1871, aspirant de marine en 1890.

9° GABRIEL, né le 18 mai 1874.

10° CÉCILE, née le 15 octobre 1876, décédée le 7 juillet 1881.

XIII

Maxime de GUILLEBON, né le 31 juillet 1856, inspecteur à la Compagnie des Chemins de fer de l'Ouest, marié, le 16 avril 1882, à Antoinette du TERTRE.

du Tertre : *d'argent à trois aiglettes à deux têtes de sable, becquées, membrées et onglées de gueules posées 2 et 1.*

De ce mariage sont issus :

1° Édouard, né à Cherbourg, le 24 mars 1883.
2° Xavier, né le 30 janvier 1884.
3° Michel, né à Vire, décédé en bas âge.
4° René, né à Vire, décédé en bas âge.
5° François, né le 28 décembre 1888.

BRANCHE D'ESSERTEAUX

XI

Marie Jacques Ernest de GUILLEBON, cinquième fils de Claude Antoine de Guillebon, chevalier, seigneur de Beauvoir, et de Gabrielle Marie Ursule de Gomer, né à Amiens, le 14 février 1792, entré à Saint-Cyr, le 26 avril 1811, en sortit le 3 août 1812, et fut nommé sous-lieutenant au 25ᵉ régiment d'infanterie légère, qui fut incorporé dans la Grande-Armée, 11ᵉ corps de réserve, sous le commandement du maréchal Augereau.

Il fit la campagne de 1813 ; bloqué à Dantzig avec la 17ᵉ demi-brigade, sous les ordres du général Rapp, il fut fait prisonnier de guerre. Rentré en France, le 15 octobre 1814, il passa avec le même grade à la légion de l'Oise, dans laquelle il fut nommé lieutenant, en 1819.

Ernest de Guillebon quitta le service, le 1ᵉʳ mai 1820, après avoir épousé, le 8 avril de la même année, Antoinette Virginie de GUIZELIN.

DE GUIZELIN : *d'azur à trois paons d'or.*

Elle était fille de Charles François Marie, baron de Guizelin, et de Marie Antoinette Adélaïde de Laverdy.

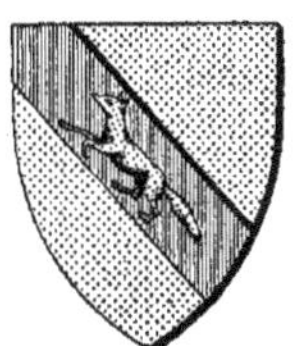

DE LAVERDY : *d'or à la bande de gueules chargée d'un renard du champ.*

Ernest de Guillebon acheta, au marquis de Béry d'Esserteaux, la terre et le château d'Esserteaux [1] et y fixa sa résidence. Il mourut à Amiens, le 19 décembre 1880 ; sa femme était décédée, le 10 février 1874.

De ce mariage sont issus :

1° AMÉDÉE, *qui suit.*

2° GAËTAN CHARLES THOMAS, né le 24 septembre 1828. Entré dans les Ordres, il reçut la prêtrise des mains de Mgr de Salinis, évêque d'Amiens, qui professait pour lui une grande affection. Après son ordination, l'abbé de Guillebon fut nommé vicaire à la paroisse Notre-Dame d'Amiens. Pour reconnaître son admirable dévouement et son zèle infatigable pendant la cruelle épidémie de choléra qui régna, en 1866, à Amiens, Mgr Boudinet le nomma chanoine honoraire, et le désigna, quelques mois après, pour être le fondateur et le premier pasteur de la paroisse créée dans les nouveaux quartiers de la ville, sous le vocable de saint Martin.

Dans cette difficile et délicate mission, il apporta le zèle d'un apôtre et le talent d'un administrateur consommé.

L'église, élevée par ses soins, succéda, en 1874, à la chapelle provisoire.

Le ministère de l'abbé de Guillebon fut particulièrement fécond ; les annales de la paroisse en témoignent. Pendant vingt-cinq années et jusqu'au dernier jour de sa laborieuse existence, il se dépensa, sans compter, pour le salut des âmes. Sa mort, arrivée le 13 novembre 1890, a été un deuil public.

Une autorisation spéciale du gouvernement permit d'inhumer, dans le chœur de l'église Saint-Martin, celui à qui revenait l'honneur de l'avoir édifiée.

Voici l'inscription qui consacre sa mémoire, en attendant le monument que prépare

(1) ESSERTEAUX, Commune du Canton de Conty, Arrondissement d'Amiens (Somme).

actuellement la pieuse générosité des fidèles, afin de perpétuer le souvenir de ses traits :

Hic quiescit in Domino
Cajetanus Carolus Thomas de GUILLEBON,
Canonicus ad honores,
Recentioris Sancti Martini parochiæ
Hujus ecclesiæ
Ædificator strenuus.
Pietate, zelo, charitate in omnes
præstans.
Inter frequens ministerium,
Repentina morte
Obiit, bonus pastor.
Anno Domini MDCCCXC die XIII novembris
Natus annos LXII.

3° Charles Marie Auguste, né à Esserteaux, le 25 février 1836, inspecteur à la Compagnie des Chemins de fer d'Orléans, allié, le 1ᵉʳ avril 1863, à Marie de GYVÈS de CREUZY.

De Gyvès de Creuzy : *d'azur au chevron d'or chargé de cinq annelets de gueules.*

Elle est fille de Marie Alfred de Gyvès de Creuzy et de Lydia de Laage de Meux.

De Laage de Meux : *d'azur au chevron d'or, accompagné en chef de deux roses tigées et feuillées du même, et en pointe d'un faucon aussi d'or posé sur un poing d'argent.*

De ce mariage sont issus :

a). Germaine, née le 26 avril 1866, mariée, le 4 avril 1888, à Georges de Laage de Meux, lieutenant de vaisseau.

De ce mariage sont issus :

aa). Louis, né le 7 juillet 1889.

bb). Jehan, né le 15 décembre 1890.

b). Yvonne, née le 4 avril 1868, alliée à Paul Giraudet de Boudemange, sous-lieutenant au 68ᵉ de ligne.

Giraudet de Boudemange : *d'azur à trois coquilles d'argent posées 2 et 1.*

c). Marie Thérèse, née le 31 octobre 1869.

d). Marguerite, née le 12 décembre 1871.

e). Élisabeth, née en septembre 1873.

f). Henri, né le 28 mai 1875.

4° Marie Antoine Jules, né le 20 avril 1838, propriétaire actuel du château d'Esserteaux, marié, à Amiens, le 4 juillet 1866, à Lucie COPINEAU, fille de M. Nicolas Copineau et de Amélie Marminia.

De ce mariage sont issus :

a). Pierre Marie Antoine, né le 4 mai 1867, entré à l'École spéciale militaire de Saint-Cyr, en 1888 ; sous-lieutenant au 3ᵉ régiment de chasseurs à cheval.

b). Gabrielle, née le 16 décembre 1868.

c). Joseph, élève à l'École spéciale militaire de Saint-Cyr, né le 25 septembre 1871.

d). Félix, né le 31 mai 1875.

XII

Amédée Antoine Théodore de GUILLEBON, né à Guines (Pas-de-Calais), le 3 septembre 1824. Entré à l'École forestière, il fut nommé, le 9 juin 1845, garde général adjoint des Eaux-et-Forêts, à Douai ; puis, successivement, garde général à Château-Thierry, à Coucy-le-Château et à Amiens. Il fut promu sous-inspecteur, le 16 novembre 1858, et passa à Bordeaux, en la même qualité, le 11 mai 1859. Nommé inspecteur à Nice, le 29 août 1870, il vint au même titre à Boulogne-sur-Mer, où il s'établit définitivement, en quittant le service des Eaux-et-Forêts, le 3 août 1878.

Amédée de Guillebon a épousé, le 27 septembre 1853, Marie Antoinette COQUEBERT DE MONTBRET. (*Armoiries,* p. 71.)

Elle est fille d'Auguste Romain de Montbret et de Élisabeth Louise Constant d'Yanville.

Constant d'Yanville : *écartelé, aux 1er et 4e de gueules à trois fleurs de lys d'or posées 2 et 1, au franc quartier d'argent chargé d'une étoile de sable ; aux 2e et 3e de gueules à un arbre d'or, au chef d'argent chargé d'un croissant de sable.*

De ce mariage est issu :

Marie Ernest Auguste, *qui suit.*

XIII

Marie Ernest Auguste de GUILLEBON, né à Château-Thierry, le 17 juillet 1854, allié, le 17 juin 1879, à Marguerite Lucie Marie Le BLOND du PLOUY.

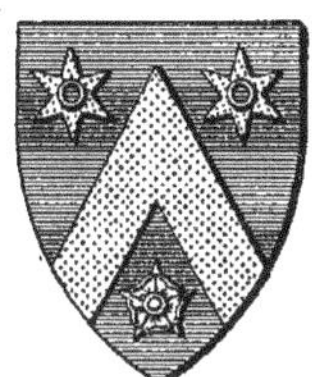

Le Blond du Plouy : *d'azur au chevron d'or accompagné de trois roses d'argent, deux en chef et une en pointe.*

Elle est fille d'Adhémar Le Blond, baron du Plouy, et de Juliette de La Gorgue de Rosny.

De La Gorgue de Rosny : *d'argent à trois merlettes posées 2 et 1.*

BRANCHE DITE DE MAZINGHEM

XI

Louis Paul Emmanuel de GUILLEBON, neuvième fils de Claude Antoine de Guillebon, chevalier, seigneur de Beauvoir, et de Gabrielle Marie Ursule du Gomer, né à Fricamps, le 7 mai 1800, épousa à Mazinghem [1], le 7 mai 1829, Zénaïs Le VASSEUR de BAMBECQUE-MAZINGHEM (*Armoiries,* p. 64), fille de Désiré Charles Guislain Le Vasseur de Bambecque-Mazinghem et de Mlle Garson de Boyaval. Elle était sœur de la comtesse de Guillebon-Beauvoir.

Emmanuel de Guillebon est mort, à Amiens, le 26 février 1887, après avoir perdu sa femme, le 15 juillet 1869.

De ce mariage sont issus :

1° Joseph Louis René, *qui suit.*

2° Charles Gabriel Gustave, né à Mazinghem, le 10 décembre 1837, entré à l'École militaire de Saint-Cyr, le 17 janvier 1855, nommé sous-lieutenant au 81e régiment d'infanterie de ligne, à Rouen, le 12 octobre 1856.

Il suivit son régiment en Algérie, au mois de mai 1859 ; prit part, la même année, à l'expédition du Maroc, où l'armée française perdit, en huit jours, 4,000 hommes du choléra ; assista aux combats de la Zaouïa et Aïn-Tafourah, fut détaché, au mois de

---

(1) Mazinghem, Commune du Canton de Norrent-Fontes, Arrondissement de Béthune (Pas-de-Calais).

février 1860, au bureau arabe de Mostaganem et nommé adjoint au bureau de Tiaret, le 14 janvier 1861.

Promu lieutenant, le 12 août 1861, il rejoint son régiment l'année suivante, et s'embarque pour le Mexique, au mois de septembre 1862 ; assiste au débarquement de Tampico, au siège de Puebla, aux combats d'Attenquique, de San-Matheo et de Zitaquaro.

Nommé capitaine, le 24 décembre 1866, il rentre en France, au mois de mars 1867, et donne sa démission, le 5 mars 1870.

Commandant du 2ᵉ batailllon de la Garde nationale d'Amiens pendant la guerre de 1870 contre la Prusse, il assiste au combat de Dury, le 27 novembre 1870.

Il avait été nommé chevalier de l'ordre de la Guadeloupe (Mexique), le 16 septembre 1866, et chevalier de la Légion d'honneur, le 16 mars 1865, pour sa belle conduite au combat de San-Matheo.

Il épousa, au château de Saint-Rimault (1), le 22 février 1870, THÉRÈSE MARIE GENEVIÈVE DE BROÉ.

DE BROÉ : *d'azur, à l'étoile d'or, au chef d'or chargé de trois trèfles de sinople.*

Elle était fille de Henri Jacques de Broé et de Léonie Geneviève Bonne Billard de Lorière.

BILLARD DE LORIÈRE : *écartelé, aux 1ᵉʳ et 4ᵉ échiqueté d'or et d'azur, au chef d'azur chargé de trois fleurs de lys d'or ; aux 2ᵉ et 3ᵉ de sable à la croix d'argent chargée de cinq coquilles de gueules, qui est* DE ROUVROY SAINT-SIMON ; *sur le tout échiqueté d'argent et d'azur, qui est* BILLARD DE LORIÈRE.

(1) SAINT-RIMAULT, Hameau de la Commune d'Essuiles, Canton de Saint-Just, Arrondissement de Clermont (Oise).

Elle était petite-fille, d'une part, de Jacques Nicolas de Broé et de Marie Thérèse de Malinguehem,

DE MALINGUEHEM : *d'argent à trois fers de moulin de sable.*

et, d'autre part, de Guy Billard de Lorière et de Marie Françoise de Beaurains.

DE BEAURAINS : *d'azur à la fasce d'or, chargée de trois merlettes de sable, et surmontée d'un soleil aussi d'or.*

Gustave de Guillebon est mort au château de Saint-Rimault, le 4 février 1892, et sa femme est décédée, le 29 juin de la même année.

De ce mariage sont issus :

a). HENRI, né à Amiens, le 23 février 1872.

b). GENEVIÈVE, née au château de Saint-Rimault, le 2 juillet 1875.

3° ANATOLE AUGUSTIN JOSEPH, né à Mazinghem, le 9 août 1839, fut nommé receveur des finances à Belley, le 31 janvier 1863, à Saint-Jean-d'Angély, le 12 janvier 1865, ét à Hazebrouck, le 1er avril 1874.

Il a épousé, à Paris, le 19 janvier 1863, GABRIELLE MAGIMEL, née à Paris, le 24 juillet 1841, fille de Guy Théodore Magimel et de Camille Bergasse.

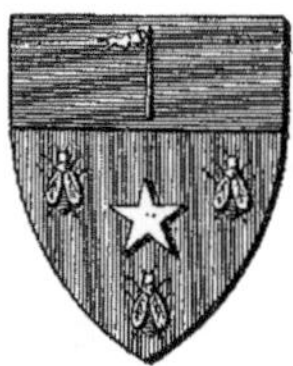

MAGIMEL : *de gueules à l'étoile d'argent, accompagnée de trois abeilles de même, deux en chef et une en pointe, au chef d'azur chargé d'un mat d'or.*

De ce mariage sont issus :

a). Paul, né à Belley, le 8 décembre 1863, entré à l'École militaire de Saint-Cyr le 26 octobre 1883, nommé sous-lieutenant au 51ᵉ de ligne, à Beauvais, le 1ᵉʳ octobre 1885, passé, avec le même grade, au 13° bataillon de chasseurs alpins, à Chambéry, le 12 janvier 1889, nommé lieutenant au même corps, le 11 juillet 1889.

b). Raoul, né à Saint-Jean-d'Angély, le 4 juillet 1865, entré à l'École militaire de Saint-Cyr, le 3 novembre 1884, nommé sous-lieutenant au 51ᵉ de ligne, le 1ᵉʳ octobre 1886, lieutenant au même régiment, le 25 septembre 1890, passé, avec le même grade, au 13° bataillon de chasseurs alpins, en 1891.

c). Ludovic, né à Saint-Jean-d'Angély, le 12 octobre 1870, entré à l'École polytechnique, en 1891.

4° Ferdinand René Octave, né à Mazinghem, le 30 août 1848, fit la campagne du Nord, en 1870, comme officier d'artillerie de mobile, et se distingua à la défense d'Amiens.

XII

Joseph Louis René de GUILLEBON, né à Mazinghem, le 28 août 1836, épousa, à Amiens, le 31 mars 1862, Clotilde Louise Marie BOREL de BRÉTIZEL, née à Saint-Quentin, près Dieppe, fille du général René Borel de Brétizel, ancien aide-de-camp de Mgr le duc d'Orléans (*Armoiries,* p. 70), et de Mˡˡᵉ Marie de Cacqueray de Saint-Quentin.

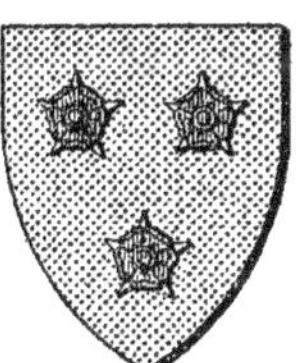

De Cacqueray de Saint-Quentin : *d'or à trois roses de gueules.*

De ce mariage sont issus :

1° Louis, *qui suit.*
2° Georges, né le 21 septembre 1865.

XIII

Louis DE GUILLEBON, né le 2 mai 1864, entré à l'École militaire de Saint-Cyr, en octobre 1882, nommé sous-lieutenant au 8ᵉ régiment de ligne, le 1ᵉʳ octobre 1884, lieutenant adjoint au colonel commandant le 145ᵉ régiment de ligne, à Maubeuge, le 5 mai 1888.

Les brevets de la décoration du lys, accordés par le roi Louis XVIII à Claude Antoine de Guillebon-Beauvoir et à huit de ses fils, sont conservés aux archives du château de Beauvoir. Ils portent les qualités et numéros suivants :

1° CLAUDE ANTOINE DE GUILLEBON, n° 2467.
2° THÉODORE, comte DE GUILLLEBON, n° 2632.
3° CÉSAR, chevalier DE GUILLEBON, n° 2626.
4° ANATOLE, chevalier DE GUILLEBON, n° 2634.
5° FORTUNÉ, chevalier DE GUILLEBON, n° 2635.
6° AUGUSTE, chevalier DE GUILLEBON, n° 2629.
7° EMMANUEL, chevalier DE GUILLEBON, n° 2630.
8° ÉDOUARD, chevalier DE GUILLEBON, n° 2631.
9° ALBERT, chevalier DE GUILLEBON, n° 2628.

SEIGNEURS DE BAZENTIN

VIII

ANTOINE DE GUILLEBON, chevalier, seigneur de Bazentin [1], quatrième fils de Nicolas, chevalier, seigneur de Beauvoir, et de Françoise de Hénont, baptisé le 24 septembre 1683 [2], mourut le 28 juillet 1741.

Il avait épousé MARIE ANNE BACHELET DE CARNOY.

BACHELET DE CARNOY : *de gueules au chevron d'argent, accompagné de trois trèfles de même, deux en chef et un en pointe.*

A cette époque vivait Antoine Bachelet, seigneur de Carnoy, terre située dans les environs de Bazentin [3].

---

(1) BAZENTIN, Commune du Canton d'Albert, Arrondissement de Péronne (Somme).

(2) *Registres de catholicité de la paroisse de Beauvoir.*

(3) CARNOY, Commune du Canton de Combles, Arrondissement de Péronne (Somme). .

De ce mariage sont issus :

1° FRANÇOIS LOUIS, *qui suit.*

2° FIRMIN JOSEPH, écuyer, garde du corps, chevalier de saint Louis, comme en fait preuve la pièce suivante :

« Le Lieutenant général des armées du Roy et Lieutenant de ses gardes du corps dans la compagnie de Luxembourg, déclare avoir reçu chevalier de saint Louis, au nom du Roy, Firmin Joseph de Guillebon, garde du corps dans la même compagnie.
Amiens, le 27 mai 1772.

Signé : Chevalier DE SAINT-SAUVEUR (1). »

3° ANTOINE MAXIMILIEN, religieux Prémontré, curé de Saint-Germain d'Amiens. Son portrait est conservé au château de Beauvoir.

4° JACQUES PHILIPPE.

5° MARIE ANNE GABRIELLE.

IX

FRANÇOIS LOUIS DE GUILLEBON, chevalier, seigneur de Bazentin et de Carnoy, mort le 9 février 1784. Il avait épousé LOUISE DELPHINE VICTOIRE VAILLANT DE CARNOY.

VAILLANT DE CARNOY : *d'argent à trois têtes de mores contournées, de sable, tortillées d'argent et posées 2 et 1.*

De ce mariage sont issus :

1° MARIE LOUIS MAXIME, chevalier, capitaine d'infanterie, mort à Saint-Domingue.

2° CHARLES MARIE JOSEPH, curé de Péronne, né le 23 janvier 1755. Son portrait existe encore au château de Beauvoir.

(1) *Archives départementales de la Somme*, E., dossier Guillebon ; papier ; cachet de cire rouge, couronne, armes effacées.

3º Marie François, *qui suit.*

4º Marie Louise Victoire, née le 3 avril 1760, alliée à Louis Laurent Le FUZELLIER, chevalier de saint Louis, demeurant à Eu.

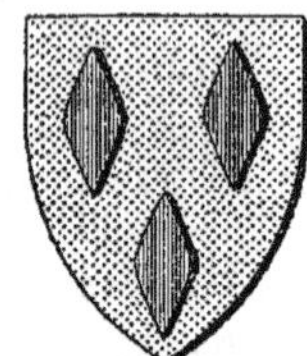

Le Fuzellier : *d'or à trois fusées de gueules, posées 2 et 1.*

Marie de Guillebon mourut sans laisser de postérité.

5º Alexandrine Claudine Victoire, née le 11 octobre 1763, habitait ordinairement la ville d'Eu. Elle mourut à Montdidier.

X

Marie François de GUILLEBON, chevalier, capitaine au régiment de Cambrésis, chevalier de saint Louis, né le 30 janvier 1759, marié à sa cousine Gabrielle de GUILLEBON de VAUX. (*Armoiries*, p. 45.)

Il n'eut pas d'enfant et mourut à Montdidier, le 4 février 1841.

SEIGNEURS DE BLANCFOSSÉ

V

Aaron Le THOILLIER de GUILLEBON, écuyer, seigneur de Blancfossé [1], demeurant à Angivillers [2], était le second fils d'Antoine, IIe du nom, écuyer, seigneur de Beauvoir, et de Marie Aux Cousteaux.

Il servait, en qualité d'homme d'armes, dans la compagnie du sieur de la Rochepot, quand il quitta Beauvoir, en 1577, avec son frère Claude, pour se rendre aux sièges de La Charité et d'Issoire.

Il acheta, par contrat du 11 mars 1598, une pièce de terre sise au terroir d'Angivillers, et épousa, par contrat du 1er mai 1582, passé devant Fontaine, notaire à Clermont en Beauvaisis [3], Marie du PUIS, demeurant à Lieuvillers.

Du Puis : *d'azur à deux épées d'argent, mises en sautoir, les poignées d'or, accompagnées en chef et aux flancs de trois molettes d'argent, et en pointe d'un croissant de même.*

---

(1) Blancfossé, Commune du Canton de Breteuil, Arrondissement de Clermont (Oise).

(2) *Bibliothèque nationale. Cabinet des Titres.* Chérin, tome 102, n° 2073.

(3) *Bibliothèque nationale. Cabinet des Titres,* tome 208. *Preuves de Saint-Cyr,* n° 84, et *Grand Nobiliaire de Picardie.*

Elle était fille de Gaspard du Puis, écuyer, et de Marguerite Randon.

RANDON : *cinq points d'or équipollés à quatre de gueules, au bouquet de trois tiges de lys au naturel brochant sur le tout.*

Le futur était assisté de Claude Le Thoillier, écuyer, seigneur de Beauvoir ; de Claude Boileau, archer des gardes du Roi ; de Sébastien de Guillebon, écuyer, seigneur d'Angivillers, et de Jean Le Clerc, écuyer, seigneur de Fontenelle.

La future : de Marguerite Randon, sa mère ; de François du Puis, écuyer, seigneur de Mondésir, son oncle ; de Charles de Gagny, écuyer, seigneur de Fayel, aussi son oncle ; d'Adrien du Puis, écuyer, seigneur d'Estrées, et de Georges du Puis, écuyer, seigneur de Lieuviller, ses frères [1].

Aaron mourut vers 1602. Sa femme lui survécut longtemps ; ce n'est qu'en 1633, le 19 mai, que ses enfants font le partage des biens venant de sa succession [2].

De ce mariage sont issus :

1° CLAUDE, *qui suit.*

2° ANTOINE, auteur de la branche de Wavignies.

3° LOUISE, alliée à LOUIS DE MAUGEOIS, écuyer, seigneur de L'Épinois.

4° CATHERINE, alliée à CHARLES DE CERTIEUL, écuyer, seigneur de Bouqueval, gouverneur de Château-Vilain.

5° BARBE, morte jeune.

(1) *Bibliothèque nationale. Cabinet des Titres.* CHÉRIN, tome 102, n° 2073, F° 2.
(2) *Bibliothèque nationale. Cabinet des Titres.* Carrés D'HOZIER, tome 321.

VI

Claude de GUILLEBON, écuyer, seigneur de Blancfossé, fut homme d'armes de la compagnie du duc d'Orléans[1]. Il hérita, de sa sœur Louise, le fief de l'Épinois [2].

Il habita longtemps le village de La Rue Saint-Pierre et épousa, en premières noces, le 21 juillet 1610, Françoise du CHESNE [3].

du Chesne : *de gueules au chevron d'or, accompagné de trois hures de sanglier du même.*

Elle était fille de Guy du Chesne, écuyer, seigneur de Telloy, et de Yolande de Wignacourt.

de Wignacourt : *d'argent à trois fleurs de lys, au pied nourri, de gueules.*

Après le décès de sa première femme, morte sans avoir eu d'enfant, il épousa, en deuxièmes noces, en 1624, Louise MOREL.

Morel : *d'azur à trois glands d'or posés 2 et 1, à la fleur de lys d'or en cœur.*

(1) *Inventaire des archives du château de Beauvoir,* n° 10.
(2) *Archives du château de Moreuil,* tiroir AA.
(3) *Archives du château de Beauvoir,* n° 13.

Claude de Guillebon fut maintenu dans sa noblesse, en qualité d'écuyer, par sentence du 16 juin 1634 [1].

Il eut de sa seconde femme :

Louise, *qui suit.*

VII

·Louise de GUILLEBON, dame de la mairie de Béthencourt, Bizancourt [2] et Blancfossé, habitait le château d'Angivillers, ainsi qu'il résulte de nombreux actes des registres de catholicité de cette paroisse.

Elle épousa, en premières noces, vers 1648, Antoine de MONCHY, chevalier, seigneur de Noroy (*Armoiries,* p. 20), fils d'Antoine de Monchy, chevalier, seigneur de Saint-Martin, et de Jeanne de Guillebon ; et en deuxièmes noces, Laurent de La CHAUSSÉE d'EU, écuyer, seigneur et baron de Rogy, deuxième fils de François de La Chaussée d'Eu, chevalier, seigneur de la Chaussée, Arrest, Catigny, et baron de Rogy, gentilhomme ordinaire de la chambre du Roi, lieutenant de la compagnie des gens d'armes du duc de Longueville, et de Catherine de Marle.

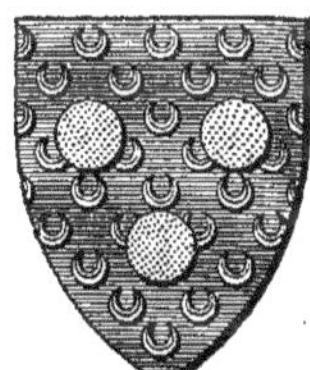

de La Chaussée d'Eu : *d'azur semé de croissants d'argent à trois besans d'or.*

de Marle : *d'argent à la bande de sable chargée de trois molettes du champ.*

---

(1) *Archives du château de Beauvoir,* n° 13.
(2) Bizancourt, Hameau de la Commune d'Avrechy, Canton et Arrondissement de Clermont (Oise).

Laurent de La Chaussée d'Eu a présenté, le 18 février 1664, au châtelain de Moreuil, le relief du fief et seigneurie de l'Épinois [1]. Il le tenait du chef de sa femme, veuve d'Antoine de Monchy [2].

Elle eut, de son premier mariage, trois filles [3] :

1° ANNE, dame d'honneur de Madame la duchesse de Nemours, alliée à JACQUES BOREL, chevalier, seigneur, châtelain et baron DE MANERBE.

BOREL DE MANERBE : *de gueules à la bande de vair, accompagnée de deux lions d'or.*

De ce mariage naquit à Paris, en l'hôtel de Soissons, rue des Deux-Écus, un fils, LOUIS HENRI.

Il fut ondoyé, le 27 mai 1674, par le vicaire de Saint-Eustache, et baptisé par le curé d'Angivillers, le 14 novembre 1686, en présence de Louise de Guillebon, dame de Rogy, sa mère grand ; de Louise de Monchy, sa tante, marraine, et de Jean de Monchy, chevalier, seigneur de Noroy, parrain.

2° LOUISE.

3° MARIE, abbesse de Notre-Dame de Biaches [4].

(1) L'ÉPINOIS, ferme de la Commune et du Canton de Moreuil, Arrondissement de Montdidier (Somme).

(2) *Archives du château de Moreuil,* tiroir AA.

(3) *Registres de catholicité de la paroisse d'Angivillers.*

(4) Outre ces trois enfants, M. le marquis DE BELLEVAL, dans son *Nobiliaire de Ponthieu et de Vimeu,* en nomme deux autres, comme issus de Antoine de Monchy, seigneur de Noroy : 1° ANTOINE, chevalier, seigneur de Noroy, allié à Renée Louise DE BOVELLES ; 2° JEANNE, alliée à Alexandre DU MERLE, marquis DU BLANC-BUISSON. (*Généalogie de Monchy,* colonne 709.)

SEIGNEURS DE WAVIGNIES

VI

Antoine de GUILLEBON, écuyer, seigneur de Béthencourt et Wavignies [1], demeurant, en 1633, au Plessier-sur-Bulles [2], second fils d'Aaron, écuyer, seigneur de Blancfossé, et de Marie du Puis.

Il épousa, par contrat du 18 septembre 1639, passé au château de Malvoisine [3], devant Laurent Lefebvre, notaire royal en la châtellenie de Bulles, Marie Marguerite de HOMBLIÈRES.

de Homblières : *d'azur à la croix d'or, cantonnée de douze croix recroisettées du même, posées 2 et 1 à chaque canton.*

Elle était fille de François de Homblières, chevalier, seigneur de Malvoisine, Wavignies, Ansauvillers-en-Chaussée et Bucamp, en partie,

---

lieutenant des Véneries pour cerf, de Monsieur, frère unique du Roi, et de feue Edmée de Monceaux [1].

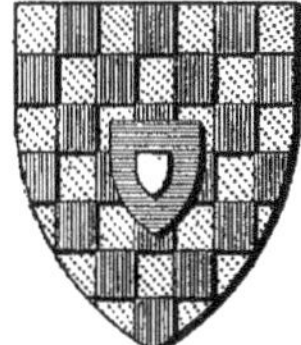

DE MONCEAUX : *échiqueté d'or et de gueules, qui est* D'AUXY ; *à un écusson d'azur chargé d'un autre écusson d'argent posé en cœur, qui est* DE MONCEAUX.

Ils furent assistés à ce contrat par : Claude de Guillebon, seigneur de Blancfossé, frère du futur époux ; Charles de Certieul, écuyer, seigneur de Bouqueval, gouverneur de Château-Vilain, son beau-frère ; Jean de Guillebon, écuyer, seigneur de Beauvoir, son cousin germain ; François de Homblières, père de la future épouse ; Antoine de Homblières, seigneur du Faÿ, son oncle ; messire Charles d'Estourmel, chevalier, seigneur de Thieux, son cousin [2].

Le 19 mai 1633, il avait fait, par acte passé par devant Esme Havy, notaire au bailliage de Beauvais, le partage de la succession de feus Aaron de Guillebon et damoiselle Marie du Puis, ses père et mère, avec maître Nicolas Tristan, étant aux droits des sieurs de Maugeois et de Bouqueval et leurs femmes, sœurs dudit Antoine.

Antoine de Guillebon mourut, en 1663, laissant cinq enfants :

1° LOUIS, *qui suit.*

2° CLAUDE, écuyer, seigneur de Béthencourt, né en 1649, lieutenant au régiment de Picardie.

3° AIMÉE, alliée à PIERRE LANGLOIS, avocat au Parlement.

LANGLOIS : *d'azur à l'aigle d'or accompagnée en chef d'un soleil du même.*

---

(1) *Bibliothèque nationale. Cabinet des Titres,* tome 298. *Preuves de Saint-Cyr,* n° 84.

(2) *Bibliothèque nationale. Cabinet des Titres,* CHÉRIN, tome 102, dossier 2073, f° 2, et *Carrés d'*HOZIER, tome 321.

De ce mariage sont issus :

a). Claude, né à Wavignies, le 22 mars 1670.

b). Pierre, né à Wavignies, le 16 juillet 1671 [1].

4° Marguerite, née en 1650, épousa, à Wavignies, en 1677, Jean de MAILLY, écuyer, seigneur de la Landelle. (*Armoiries*, p. 41.)

5° Françoise, alliée à François HAINSSELIN, dont elle eut une fille, Louise, née, le 3 octobre 1686, à Wavignies [2].

Hainsselin : *d'argent au chevron d'azur chargé d'une étoile d'or, et accompagné de trois tiges de lin de sinople, au chef de gueules chargé de trois croix pattées d'argent.*

Françoise mourut à Wavignies, le 23 juillet 1694 [3].

VII

Louis de GUILLEBON, chevalier, seigneur d'Herly [4], Gicourt [5], Bethencourt [6], Wavignies, Ansauvillers (Sauvillé-en-Cauchie) [7], en partie, et autres lieux, naquit vers 1642, obtint, le 21 juillet 1663, « des lettres de bénéfice d'âge » [8], et fut maintenu dans sa noblesse par M. Bignon, Intendant de Picardie, le 27 mars 1700.

Il épousa, en premières noces, par contrat du 2 décembre 1673, passé

(1) *Registres de catholicité de la paroisse de Wavignies.* — (2) Ibidem. — (3) Ibidem.
(4) Herly, fief à Wavignies.
(5) Gicourt, Hameau de la Commune d'Agnetz, Canton et Arrondissement de Clermont (Oise).
(6) Peut-être Béthencourt, Hameau de la Commune de Bailleval, Canton de Liancourt, Arrondissement de Clermont (Oise).
(7) Ansauvillers, Commune du Canton de Breteuil, Arrondissement de Clermont (Oise).
(8) *Bibliothèque nationale. Cabinet des Titres, Carrés d'Hozier*, tome 321.

devant Daniel Parviller et Pierre de Rouveroy, notaires au gouvernement de Montdidier, MARIE PINGRE.

PINGRÉ : *d'argent, au pin de sinople, fruité d'or et surmonté d'une grive de sable.*

Elle était fille de défunt Philippe Pingré, écuyer, seigneur du Chaussoy, Marceaux, Fréméviller et autres lieux, et de dame Françoise Scourion [1].

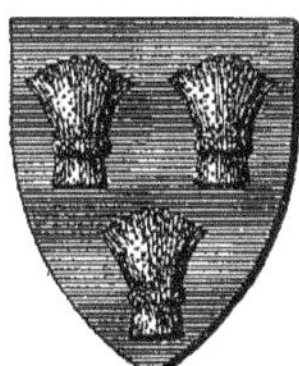

SCOURION : *d'azur à trois gerbes d'orge (escourgeon) d'or, posées 2 et 1.*

Le futur fut assisté à ce contrat par sa mère ; par Claude de Guillebon, chevalier, seigneur de Wavignies et Béthencourt, lieutenant au régiment de Picardie, son frère ; et Nicolas de Guillebon, chevalier, seigneur de Beauvoir, son cousin.

La future épouse par Antoine Pingré, chevalier, seigneur du Chaussoy, son frère aîné ; par Marguerite Pingré, sa sœur ; Jean L'Empereur, avocat et ancien échevin de la ville de Montdidier, et François Michaud, bourgeois de Montdidier [2].

Marie Pingré était petite-fille de Henri Pingré, anobli, en 1594, pour avoir contribué à chasser le duc d'Aumale de la ville d'Amiens, au temps de la Ligue ; elle mourut, âgée de 40 ans, le 26 octobre 1677 [3].

---

(1) *Bibliothèque nationale. Cabinet des Titres,* tome 298. *Preuves de Saint-Cyr,* n° 84.

(2) *Bibliothèque nationale. Cabinet des Titres.* CHÉRIN, tome 102, dossier 2073, f° 3, et *Carrés d'*HOZIER, tome 321.

(3) *Registres de catholicité de la paroisse de Wavignies.*

De ce mariage est issu :

Antoine, *qui suit.*

Louis de Guillebon, après avoir épousé, en deuxièmes noces, Élisabeth VAUDUBOIS, décédée le 11 novembre 1682 [1], et inhumée dans le chœur de l'église de Wavignies, convola, en troisièmes noces, par contrat passé, le 10 février 1684 [2], devant Antoine Michaut, notaire à Saint-Just, avec Angélique de MORRAY [3].

DE Morray : *d'azur à trois bourdons d'argent en pal, posés 2 et 1.*

Elle était fille de défunt Charles de Morray, chevalier, seigneur de Ligneris, d'une famille originaire de Normandie, et de Anne Marie de Colesson [4].

DE Colesson : *d'argent au lion de sable.*

La dite demoiselle était assistée de sa mère ; de Jean de Morray, chevalier, seigneur du Hamel, son oncle et tuteur ; et de Jean de Colesson, chevalier, seigneur d'Escoutures et de Saint-Jean, aussi son oncle.

(1) *Registres de catholicité de la paroisse de Wavignies.*

(2) D'après le *Nobiliaire de Picardie,* ce contrat aurait été signé en 1654 ; c'est là une erreur, rectifiée par les *Registres de paroisse* et les documents fournis par les dépôts publics.

(3) *Bibliothèque nationale. Cabinet des Titres. Preuves pour l'École militaire* de Louis François de Guillebon.

(4) *Bibliothèque nationale. Cabinet des Titres,* tome 297. *Preuves de Saint-Cyr.*

De ce mariage sont issus [1] :

1° Louis, né le 6 janvier 1685. Il eut pour marraine dame Anne Marie de Colesson [2].

2° Alexandre Charles, né en janvier 1686 ; marraine, dame Louise Éléonore de Morray [3].

3° Angélique, née le 1er janvier 1688 ; parrain, Antoine de Monchy, chevalier, seigneur de Noroy ; marraine, demoiselle Antoinette de Guillebon [4].

4° René François, auteur de la branche de Vaux, *qui suivra*.

5° Marie Louise, née à Wavignies, le 7 septembre 1690 [5], baptisée le 9, fut admise à Saint-Cyr sur preuves fournies à Charles d'Hozier, généalogiste du Roi, et certificat par lui délivré, à Paris, le 14 août 1702 [6].

Elle épousa Louis SCOURION, écuyer, seigneur de Latour (*Armoiries*, p. 100), dont elle n'eut pas d'enfant. Elle acheta pour ses neveux, Joseph et Louis François, le domaine de Riquecourt et Belloy.

6° Marie Anne, baptisée le 4 juin 1693 ; parrain, Antoine de Colesson, seigneur de Béronne ; marraine, Marie Anne de Caboche de Tilly [7].

7° Louise, baptisée à Wavignies, en février 1696 ; parrain, Louis de Homblières ; marraine, Marguerite, femme de Louis Pasquier, seigneur de Blin.

Il existait encore à la même époque un autre Louis de GUILLEBON, marié à Marguerite SOUFFLET, dont il eut un fils, Charles Louis, qui fut baptisé à Wavignies, le 2 mars 1694 [8].

VIII

Antoine de GUILLEBON, chevalier, seigneur de Wavignies, Malvoisine, Ansauvillers et autres lieux, chevalier de saint Louis, né le 14 mars 1675 [9].

---

(1) *Bibliothèque nationale. Cabinet des Titres. Carrés d'*Hozier*, tome 321.

(2) *Registres de catholicité de la paroisse de Wavignies.* — (3) Ibidem. — (4) Ibidem. — (5) Ibidem.

(6) *Bibliothèque nationale. Cabinet des Titres*, tome 297. *Preuves de Saint-Cyr*, n° 59. — *Cabinet d'*Hozier*, dossier Guillebon, fos 2 et 3.

(7) *Registres de catholicité de la paroisse de Wavignies.* — (8) Ibidem. — (9) Ibidem.

Il épousa, par contrat du 2 mars 1699, passé devant M⁰ Lévesque, notaire au Châtelet de Paris, MARGUERITE MARCHAND.

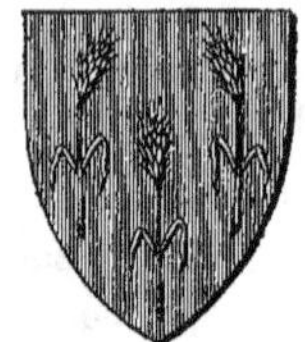

MARCHAND : *de gueules à trois épis de blé d'or*.

Elle était veuve de messire Pierre Leblanc de Saint-Simon, capitaine de cavalerie, demeurant à Paris.

Furent présents à ce mariage, du côté de l'époux : outre son père, dame Angélique de Morray, femme en troisièmes noces du seigneur de Wavignies père ; Henri Antoine de Colesson, écuyer, seigneur de Béronne, allié du futur époux ; et du côté de la future : messire Philibert Larauchet, chanoine de l'église de Paris et conseiller du Roi en la Cour du Parlement [1].

Antoine de Guillebon fit hommage, le 28 février 1702, à la châtellenie et vicomté de Breteuil, du fief de Herly, situé à Wavignies, que son père lui avait donné [2].

Il fut admis aux gardes du corps du Roi, 1ʳᵉ compagnie, commandée par M. le duc de Villeroy, par lettres données à Versailles, le 28 mars 1708, signées Louis, et plus bas : Phelyppeaux, et scellées [3] ; et nommé brigadier de la dite compagnie, au lieu du sieur de la Batte, par lettres du Roi du 1ᵉʳ décembre 1719, datées de Paris [4]. Il obtint une commission de capitaine de cavalerie, par lettres du 28 mai 1733, données à Versailles [5].

C'est pendant qu'il était à l'armée que sa femme fit raser le château de Malvoisine, pour construire celui de Wavignies, démoli en 1849 par M. Théodore de Guillebon. Le château qui existe actuellement a été bâti par M. de Septenville.

---

(1) *Bibliothèque nationale. Cabinet des Titres.* CHÉRIN, tome 102, dossier 2073, f⁰ 3, et *Archives du château de Wavignies.*

(2) CHÉRIN, *op. cit.* — (3) Ibidem. — (4) Ibidem. — (5) Ibidem.

Marguerite Marchand mourut à Wavignies, le 26 avril 1737, et fut inhumée dans le chœur de l'église [1].

De ce mariage sont issus :

1° Louis Pierre Nicolas, *qui suit.*

2° Anne Berthe, rapportée après la branche de Vaux.

3° Anthonie, née le 20 février 1703 [2].

4° Toussaint, baptisé le 1er novembre 1704 [3].

5° Marie, alliée, par contrat du 22 avril 1737 [4], à Louis François du MESNIL, écuyer, seigneur de Vaux, lieutenant d'infanterie au régiment de Bourbonnais, fils de messire Jean François du Mesnil et de dame Élisabeth Marie Geneviève Marguerite Le Bel.

du Mesnil : *d'azur à la fasce d'argent, chargée de trois tourteaux de sable, accompagnée de trois étoiles d'argent, deux en chef et une en pointe.*

A ce contrat assistèrent, du côté de l'époux : messire Alexandre Charles Marie du Mesnil, son frère ; messire Louis Alexandre Le Bel ; et du côté de l'épouse : Louis de Guillebon, son frère aîné ; messire Laurent Jacques de Formé, son beau-frère ; messire Jean-Baptiste Louis Caboche, seigneur de Montouiller, son cousin paternel.

Leur fille, Catherine, épousa Joseph de Guillebon, seigneur de Vaux, son cousin.

IX

Louis Pierre Nicolas de GUILLEBON, chevalier, seigneur de Wavignies, Malvoisine, Fumechon [5], Ansauvillers-en-Chaussée, en partie, et autres lieux, l'un des 200 chevau-légers de la garde du Roi, épousa, en

---

(1) *Registres de catholicité de la paroisse de Wavignies.* — (2) Ibidem. — (3) Ibidem. — (4) Ibidem.
(5) Fumechon, Commune du Canton de Saint-Just, Arrondissement de Clermont (Oise).

premières noces, par contrat du 14 juillet 1737, Marie Anne Nicole Le Testu de MENONVILLE, fille de messire Nicolas Le Testu, chevalier, seigneur de Menonville, et de dame Jeanne de Mareuil.

De Mareuil : *d'azur à la bande d'or accompagnée de trois étoiles de même, deux en chef et une en pointe.*

Furent présents à ce mariage, du côté de l'époux : messire Laurent Jacques de Formé, chevalier, seigneur de Framicourt, son beau-frère ; messire Louis François du Mesnil, chevalier, seigneur de Vaux, lieutenant au régiment de Bourbonnais, aussi son beau-frère ; et du côté de l'épouse : damoiselle Michelle de Formé de Framicourt, sa cousine germaine [1].

De ce premier mariage est issue :

Marie Anne Antoinette Nicole, née à Wavignies, le 12 août 1738 [2], femme du comte de LOUVEL, seigneur d'Autrèches, dont la descendance sera rapportée plus loin.

Louis Nicolas de Guillebon épousa, en deuxièmes noces, par contrat du 14 octobre 1742, passé devant Louis Varlet, notaire à Amiens [3], Françoise Hélène ROMANET.

Romanet : *d'argent au chevron de gueules, accompagné de trois branches de romarin de sinople.*

---

(1) *Archives du château de Wavignies.*

(2) *Registres de catholicité de la paroisse de Wavignies.*

(3) *Bibliothèque Nationale. Cabinet des Titres.* Chérin, tome 102, dossier 2073, f° 4, et *Archives du château de Wavignies.*

Elle était fille de noble homme Antoine Romanet et de défunte dame Marie Hélène Duval.

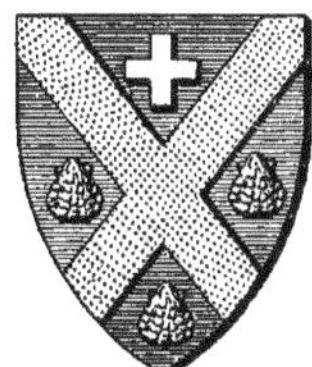

DUVAL : *d'azur au sautoir d'or accompagné d'une croisette d'argent en chef et de trois coquilles d'or, deux aux flancs et une en pointe.*

Le futur était assisté de son père, de Louis François du Mesnil, chevalier, seigneur de Vaux, et de Marie de Guillebon, son épouse, sa sœur; et la future : de son père ; de Gilbert, d'Antoine, de François, de Philippe et d'Adrien Romanet, ses frères ; de messire Gilbert Romanet, prêtre, supérieur de l'Oratoire, son oncle ; de messire Jean-Baptiste Romanet, avocat au Parlement, son oncle ; de messire François Guislain Perdu, avocat au Parlement et au bailliage d'Amiens [1].

De ce mariage sont issus :

1° ANTOINE FRANÇOIS DE PAULE, *qui suit.*

2° LOUIS ADRIEN, auteur de la branche de Fumechon, *qui suivra.*

3° MARIE ANNE FRANÇOISE, née à Wavignies, le 6 août 1743. Elle fut marraine, le 24 juin 1749, sous le nom de Marie Anne Françoise de Guillebon d'Abigny, et mourut à Paris, paroisse Saint-Sulpice, le 8 avril 1775 [2]. Elle fut toujours connue pendant sa vie sous le nom de mademoiselle d'Abigny.

4° MARIE ANNE GILBERTE, née à Wavignies, le 4 février 1747 [3].

5° ANTOINE MARIE, né à Wavignies, le 24 juin 1749 [4].

6° MARGUERITE FRANÇOISE CATHERINE, née à Wavignies, le 27 septembre 1750 [5], alliée à messire LOUIS JACQUES RENÉ DE MONCHY. Elle se trouve reprise plus loin dans la descendance de Anne Barbe de Guillebon.

Louis Nicolas de Guillebon fit, au château de Wavignies, le 1er septembre 1772, le testament dans lequel il nomme les enfants de ses deux

(1) *Bibliothèque nationale. Cabinet des Titres.* CHÉRIN, tome 102, dossier 2073, f° 4 recto.
(2) *Registres de catholicité de la paroisse de Wavignies.* — (3) Ibidem. — (4) Ibidem. — (5) Ibidem.

mariages, alors existant, et institue, pour son héritier universel, son fils Antoine François de Paule de Guillebon. Ce testament fut déposé, le 23 octobre 1775, chez Maupin et Helnis, notaires à Clermont [1].

Louis Nicolas mourut à Wavignies, le 20 octobre 1775, et fut inhumé dans le chœur de l'église [2].

Peu de temps avant sa mort, le 28 février 1775, il avait fait aveu à messire Charles François de Lescalopier, chevalier de saint Louis, seigneur de Ladon, Montigny, Mazières et Nourard-le-Franc, pour raison de ses fief et seigneurie de Malvoisine, paroisse de Wavignies, mouvant de la châtellenie de Nourard [3].

X

ANTOINE FRANÇOIS DE PAULE DE GUILLEBON, chevalier, seigneur de Wavignies, mousquetaire de la 2ᵉ compagnie de la garde ordinaire du Roi, né à Wavignies, le 7 février 1745 [4], décédé en 1817.

Il épousa, le 11 juin 1771, par contrat passé au château de Beauvoir devant Tassart, notaire à Breteuil, MARIE ANNE FRANÇOISE DE GUILLEBON, sa cousine, morte à Wavignies, le 9 août 1772, sans laisser d'enfant [5].

Assistèrent à ce mariage :

Messire Antoine François de Paule de Guillebon, chevalier, mousquetaire de la 2ᵉ compagnie de la garde ordinaire du Roi, futur époux, fils majeur de messire Louis Nicolas de Guillebon, chevalier, seigneur de Wavignies, Malvoisine, Fumechon, Ansauvillers-en-Chaussée, en partie, et autres lieux, et de dame Marie Françoise Hélène Romanet, son épouse, ses père et mère ; messire Antoine de Guillebon, chevalier, seigneur de

---

(1) *Bibliothèque nationale. Cabinet des Titres.* CHÉRIN, tome 102, dossier 2073, fº 4 verso.
(2) *Registres de catholicité de la paroisse de Wavignies.*
(3) CHÉRIN, *op. cit.*
(4) *Registres de catholicité de la paroisse de Wavignies.* — (5) Ibidem.

Beauvoir, Troussencourt, Évaussaux, en partie, et autres lieux, et dame
Marie Catherine Gabrielle de Mons, sa femme, stipulant pour mademoiselle
Marie Anne Françoise Gabrielle de Guillebon, leur fille mineure, future
épouse.

Messire Louis Adrien de Guillebon, chevalier, ancien garde du corps
de la compagnie de Luxembourg, demeurant à Wavignies, frère puîné et
germain du futur époux ; demoiselles Marie Anne Françoise de Guillebon
et Marguerite Catherine Françoise de Guillebon, toutes deux sœurs germaines mineures du futur époux ; messire Charles Gilles Marie de Louvel,
seigneur de Warvillers, et dame Marie Antoinette Nicole de Guillebon,
son épouse, sœur sanguine du dit futur époux ; messire Joseph de Guillebon, chevalier, seigneur de Vaux, cousin de son chef, ayant le germain
sur le dit futur époux, et dame Catherine du Mesnil, son épouse, de son
chef, cousine germaine du dit futur époux, fille de dame Marie de Guillebon, sœur du dit seigneur de Wavignies ; messire Louis Jacques René
de Monchy, chevalier, seigneur de Cantigny et autres lieux, chevalier de
l'ordre royal et militaire de Saint-Lazare, l'un des 200 chevau-légers de la
garde ordinaire du Roi, cousin du dit futur époux, comme fils de dame
Marie Antoinette de Formé, qui était fille de Anne Barbe de Guillebon,
sœur du dit seigneur de Wavignies (père), et aussi cousin de la dite demoiselle future épouse, à cause de la dite dame sa mère, qui était cousine
germaine du dit seigneur de Beauvoir ; messire François Romanet, oncle
maternel du dit futur époux.

Et du côté de la demoiselle future épouse : messire Claude Antoine de
Guillebon, son frère, chevalier, l'un des 200 chevau-légers de la garde
ordinaire du Roi, demeurant à Beauvoir ; demoiselle Marie Françoise
Adélaïde de Guillebon, sa sœur mineure ; messire Jacques de Mons, chevalier, seigneur de Meigneux, Saint-Sauveur et autres lieux, demeurant à
Amiens, oncle maternel de la future épouse ; messire Jean-Baptiste Marie
de Mons, chevalier, seigneur d'Havernas et autres lieux, demeurant à
Amiens, et dame Marie Charlotte Aimée de Guizelin, sa femme ; demoiselle Marie Françoise de Mons d'Hédicourt, aussi tante de la future
épouse, demeurant à Amiens ; messire Jean François, chevalier, ancien

capitaine aux gardes suisses, demeurant à Amiens, et dame Marguerite de Mons, son épouse, aussi tante maternelle de la future épouse.

Dans ce contrat, le dit seigneur de Wavignies, père, donne à son fils 1000 livres de rente, au moment de son mariage, et une autre rente de 1000 livres qui courra seulement après le décès de M. le comte et de Mme la comtesse de Billy.

Antoine de Guillebon épousa, en deuxième noces, damoiselle MARIE FRANÇOISE LESGUILLON. La bénédiction nuptiale leur fut donnée à Paris, en l'église Saint-Nicolas-des-Champs, le 19 avril 1785. Mais, comme il n'y avait pas eu de publications de bans faites à Wavignies, une deuxième bénédiction leur fut donnée, par le curé de cette paroisse, le 12 février 1787 [1].

Ils eurent pour enfants :

1° ANTOINE FRANÇOIS DE PAULE, décédé vers 1822.

2° ANTOINE, baptisé, avec son frère jumeau FRANÇOIS NICOLAS, en l'église de Saint-Eustache de Paris. Il fut capitaine aux chasseurs à cheval du Cantal, chevalier de la Légion d'honneur et capitaine d'état-major. Il mourut à Aire, le 27 février 1846.

3° FRANÇOIS NICOLAS, *qui suit.*

4° ALEXANDRE, né à Wavignies, en mars 1790, entra à l'École polytechnique, sortit dans les Ponts-et-Chaussées et s'y distingua par des travaux importants : le barrage de la manufacture d'armes de Châtellerault, les écluses et barrages de Pont-Sainte-Maxence, de Creil, de Boyaumont et de Pontoise.

Il fut nommé successivement professeur de construction et de mécanique, et inspecteur des études à l'École des Ponts-et-Chaussées. Il décéda le 14 décembre 1841.

Il avait épousé à Fumechon [2], le 7 mars 1822, MARIE LOUISE AUGUSTINE CÉSARINE DE GUILLEBON, sa nièce à la mode de Bretagne [3], dont il n'eut pas d'enfant.

---

(1) *Registres de catholicité de la paroisse de Wavignies.*
(2) FUMECHON, Commune du Canton de Saint-Just, Arrondissement de Clermont (Oise).
(3) *Registres de l'état civil de la commune de Fumechon.*

XI

Fʀᴀɴçᴏɪs Nɪᴄᴏʟᴀs ᴅᴇ GUILLEBON-DAMIS fut baptisé en l'église de Saint-Eustache de Paris, et mourut lieutenant-colonel à Aire, en février 1846.

Il avait épousé Éʟɪsᴇ Cᴏɴsᴛᴀɴᴄᴇ Jᴏsᴇᴘʜᴇ Eᴜɢᴇ́ɴɪᴇ ᴅᴇ CROY.

ᴅᴇ Cʀᴏʏ : *d'argent à la croix d'azur.*

Elle était fille de Jacques Nicolas de Croy et de Brigitte Josèphe de Gosson.

ᴅᴇ Gᴏssᴏɴ : *écartelé aux 1ᵉʳ et 4ᵉ de gueules fretté d'or, aux 2ᵉ et 3ᵉ d'argent à quatre burelles de gueules, chargé de deux bâtons de sable posés en sautoir.* Devise : *Crainte et Espoir.*

De ce mariage sont issus :

1° Aʟᴇxᴀɴᴅʀᴇ Aɴᴛᴏɪɴᴇ Fʀᴀɴçᴏɪs, mort à Aire, le 14 février 1832.

2° Bᴇʀᴛʜᴇ, *qui suit.*

3° Mᴀᴛʜɪʟᴅᴇ, née à Aire, le 23 janvier 1840, mariée à Paris, le 12 mai 1859, à Aʟꜰʀᴇᴅ SÉGUIER.

Sᴇ́ɢᴜɪᴇʀ : *d'azur au chevron d'or, accompagné en chef de deux étoiles et en pointe d'un agneau passant, le tout du même.*

Elle mourut à Draguignan, le 24 avril 1860, sans avoir eu d'enfant.

Alfred Séguier se remaria, en 1862, à Marie Christine ᴅᴇ Lᴀ Cʀᴏɪx ᴅᴇ Cᴀsᴛʀɪᴇs.

XII

Berthe de GUILLEBON, née à Aire, le 28 mai 1837, mariée, le 12 août 1856, à Henri LANGLOIS de SEPTENVILLE.

Langlois de Septenville : *d'or à l'aigle naissant de sable, coupé d'argent à quatre pointes de gueules.*

Il est fils de Jules Léon de Septenville et d'Athénaïs Charlotte Clémentine de La Fontaine d'Ollezy, dont la mère était une Boubers-Abbeville.

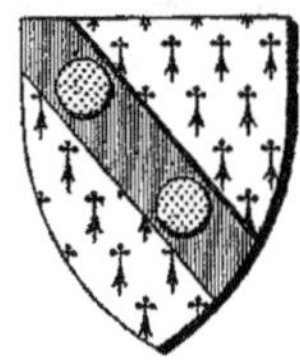

de La Fontaine d'Ollezy : *d'hermines à la bande de gueules chargée de deux besans d'or.*

M. Henri de Septenville a bâti le château actuel de Wavignies.

De ce mariage sont issus :

1° Raymond, *qui suit.*

2° Mathilde, née le 22 août 1862, décédée à Wavignies, le 26 mai 1879.

3° Joseph, né le 17 juin 1868, décédé au château de la Foulerie, le 6 février 1889.

XIII

RAYMOND DE SEPTENVILLE, né le 10 novembre 1859, marié au château d'Appilly, près Avranches, le 4 juillet 1887, à GENEVIÈVE DE CLINCHAMP.

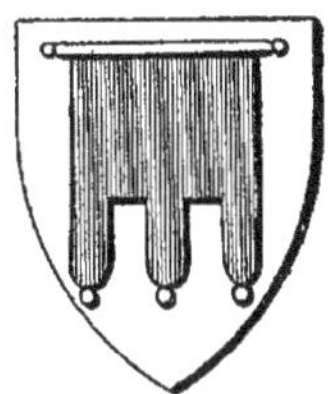

DE CLINCHAMP : *d'argent au gonfanon de gueules.*

De ce mariage sont issus :

1° MICHEL, né au château de la Foulerie, le 10 septembre 1888.

2° YVONNE, née au château de la Foulerie, le 26 juillet 1890.

SEIGNEURS DE FUMECHON

X

Louis Adrien de GUILLEBON, écuyer, seigneur de Fumechon [1] et de Mérissac, né à Wavignies, le 28 janvier 1748 [2], second fils de Louis Pierre Nicolas, chevalier, seigneur de Wavignies, Fumechon, Malvoisine et autres lieux, et de Hélène Romanet.

Il fut garde du corps du Roi, compagnie de Luxembourg, et épousa, par contrat du 3 juin 1772, passé devant Robert Warmé, notaire royal à Montdidier, Marie Jeanne Élisabeth de JAMBOURG.

De Jambourg : *d'argent au lion de gueules, accompagné en pointe de trois mouchetures d'hermine de sable, posées en fasce, et d'une étoile aussi de sable, posée au canton dextre de l'écu.*

Elle était fille de M. de Jambourg, seigneur de Mory-Montcrux et de Hallu-en-Santerre, ancien lieutenant d'infanterie au bataillon de Noyon, et de Jeanne Labbé.

(1) Fumechon, Commune du Canton de Saint-Just, Arrondissement de Clermont (Oise).
(2) *Registres de catholicité de la paroisse de Wavignies.*

Furent présents à ce mariage : messire Joseph de Guillebon, chevalier, seigneur de Ligneris, Saint-Marc et Vaux, ancien capitaine d'infanterie, cousin germain du futur époux, demeurant à Vaux; messire Louis Jacques René de Monchy, chevalier, seigneur de Cantigny, Desroutes et Le Quesnoy, également cousin de l'époux; messire Jacques Joseph Pasquier, chevalier, seigneur de Blin et de Gannes, en partie, son cousin issu de germain, et dame Marie Louise Scourion, son épouse.

Louis Adrien de Guillebon perdit sa femme, en 1773 ; elle décéda à Mory-Montcrux, après avoir donné le jour à :

Louis Joseph, *qui suit.*

Il épousa, en deuxièmes noces, à Fumechon, le 24 vendémiaire an VI de la République, à l'âge de 49 ans, Marie Anne Laverve, âgée de 43 ans, fille de François Laverve et de défunte Marie Anne Dupressoir [1].

C'est à cette époque qu'il fit construire l'habitation de Fumechon et y fixa sa résidence. Il y mourut le 13 août 1809, sans avoir eu d'enfant de sa seconde femme.

Le 18 octobre 1781, Louis Adrien de Guillebon reçut l'hommage, par devant Antoine Goux, notaire à Bulles, de haut et puissant seigneur messire Jean Dominique, comte de Cassini, noble Siennois, capitaine de dragons au régiment de Conty, membre de l'Académie royale des Sciences de Paris, directeur général en survivance de l'Observatoire de Paris, seigneur de Thury, Filleval, Comty, des fiefs du Metz, Colare, etc., pour raison des fiefs Pierre Fumeron et Simon d'Arquinvillers, relevant de la seigneurie de Fumechon [2].

XI

Louis Joseph de GUILLEBON, écuyer, seigneur de Fumechon, né et baptisé à Mory-Montcrux, le 10 avril 1773, fut longtemps maire de la commune de Fumechon.

(1) *Registres de l'état civil de la commune de Fumechon.*
(2) *Bibliothèque nationale. Cabinet des Titres.* Chérin, tome 102, dossier 2073, f° 5 recto.

Il épousa, à Beauvais, paroisse Saint-Étienne, Louise Françoise Victoire COSME, fille de M. Cosme et d'Angélique Millon de La Morlière.

De ce mariage sont issus :

1° Joséphine Alexandrine Victoire, née à Mory-Montcrux, le 22 octobre 1792, mariée, le 3 juin 1812 (1), à Antoine BOULLENGER.

De ce mariage sont issus :

a). Théodore, époux de Mlle Mignen.
b). Henri, époux de Mlle Fasquelle.

2° Louis Auguste César, né à Fumechon, le 15 nivôse an V de la République, garde du corps du Roi, décédé à Fumechon, à l'âge de 19 ans, le 4 mai 1816 (2).

3° Marie Louise Augustine Césarine, née à Fumechon, le 3 vendémiaire an XI (25 septembre 1802) (3), alliée à Alexandre de GUILLEBON, son oncle à la mode de Bretagne.

4° Charles Auguste Henry, né à Fumechon, le 10 fructidor an XIII, et décédé le 29 septembre 1812 (4).

5° Paul Charlemagne, né à Fumechon, le 23 décembre 1808, et décédé vers 1822 (5).

(1) *Registres de l'état civil de Fumechon.* — (2) Ibidem. — (3) Ibidem. — (4) Ibidem. — (5) Ibidem.

SEIGNEURS DE VAUX

VIII

Rᴇɴᴇ́ Fʀᴀɴçᴏɪs ᴅᴇ GUILLEBON, chevalier, seigneur de Wavignies, Ansauvillers-en-Chaussée, en partie, du fief de Saint-Marc à Ménévillers [1], etc., né à Wavignies, le 14 mars 1689 [2], baptisé le 6 avril, troisième fils de Louis, chevalier, seigneur d'Herly, Wavignies, Gicourt, Béthencourt et autres lieux, et d'Angélique de Morray, sa troisième femme.

Il acheta, de Louis Antoine de Hudebert, la seigneurie de Lignery et épousa, par contrat du 25 février 1729, passé devant Mᵉ de Flers, notaire à Gannes, Mᴀʀɪᴇ Aɴɴᴇ Jᴏsᴇ̀ᴘʜᴇ ᴅᴇ LOUVEL [3].

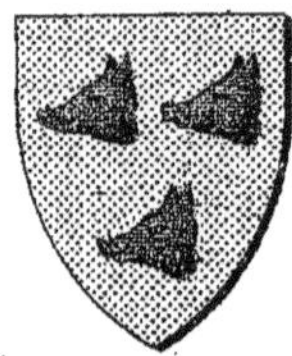

ᴅᴇ Lᴏᴜᴠᴇʟ : *d'or à trois hures de sanglier de sable.*

(1) Mᴇ́ɴᴇ́ᴠɪʟʟᴇʀs, Commune du Canton de Maignelay, Arrondissement de Clermont (Oise).

(2) *Registres de catholicité de la paroisse de Fumechon. — Bibliothèque nationale. Cabinet des Titres. Carrés d'*Hᴏᴢɪᴇʀ, tome 321.

(3) *Bibliothèque nationale. Cabinet des Titres. Preuves pour les Écoles militaires*, tome XII, preuve 21, pour Louis François de Guillebon.

Elle était fille de messire Charles de Louvel, chevalier, seigneur de Brettencourt et Flers, et de Anne Lefevre de Machaux [1].

De ce mariage sont issus :

1° Joseph, *qui suit*.

2° Louis François, chevalier, seigneur de Saint-Marc, Lignery et autres lieux, demeurant à Ménévillers, allié à Chantal de La HACHE, dont il n'eut pas d'enfant.

De La Hache : *d'argent à une fasce de gueules chargée de trois étoiles d'argent, à la bordure engrelée de sable.*

IX

Joseph de GUILLEBON, chevalier, seigneur de Lignery et de Vaux, né à Ménévillers, le 12 février 1731, et baptisé le lendemain [2].

Il fut capitaine d'infanterie, et épousa, par contrat du 6 mai 1755, passé devant Mᵉ Duflos, notaire à Montdidier, Marie Catherine du MESNIL, dernière héritière des du Mesnil, seigneurs de Vaux, fille de Louis François du Mesnil, seigneur de Vaux (*Armoiries*, p. 104), et de Marie de Guillebon [3].

De ce mariage sont issus :

1° Louis François, né à Ménévillers, le 5 septembre 1756, ondoyé le même jour, et baptisé, le 23, en la paroisse de Saint-Léonard de Ménévillers [4].

Il fut admis au nombre des élèves de l'École royale militaire, sur preuves fournies et procès-verbal dressé, à Paris, le 21 octobre 1767, par Antoine Marie d'Hozier de Sérigny, juge d'armes de la noblesse de France [5].

Il mourut élève de cette École, âgé de 12 ans et 8 mois, le 23 mai 1769.

(1) *Bibliothèque nationale. Cabinet des Titres. Carrés* d'Hozier, tome 321. — (2) Ibidem.
(3) *Bibliothèque nationale. Cabinet des Titres. Carrés* d'Hozier, tome 321. — (4) Ibidem.
(5) *Bibliothèque nationale. Cabinet des Titres. Preuves pour les Écoles militaires,* tome XII, preuve 21.

2° MARIE LOUISE, née à Vaux, le 25 octobre 1757, et baptisée le 27, eut pour parrain messire Louis François de Guillebon, chevalier, seigneur de Saint-Marc, et pour marraine, Marie Élisabeth du Mesnil, demoiselle de Vaux. Elle mourut le 8 mai 1775 (1).

3° MARIE ANTOINETTE VICTOIRE, née à Vaux, le 2 juin 1759, et baptisée le 4. Elle fut admise à Saint-Cyr, sur preuves fournies à Denis Louis d'Hozier, juge général de la noblesse de France, qui en délivra certificat à Paris, le 7 juillet 1770 (2). Elle mourut à Montdidier, le 20 avril 1850, sans avoir été mariée.

4° JOSEPH FRANÇOIS CÉSAR, chevalier de l'ordre royal et militaire de saint Louis, né à Vaux, le 8 février 1762 (3), fit ses preuves de noblesse devant les généalogistes du Roi pour être admis aux Écoles royales militaires, le 11 janvier 1783, sous le nom de de Guillebon d'Estrigny. Il épousa MARIE MADELEINE LIÉNARD DE MERY.

LIÉNARD DE MERY : *d'or à une fasce d'azur chargée de deux palmes d'argent posées en sautoir, accompagnée en chef d'une aigle de sable, et en pointe d'une croisette de gueules accostée de deux étoiles à six rais d'azur.*

Il mourut à Montdidier, le 11 décembre 1849.

5° GABRIELLE SOPHIE, née à Vaux (4), le 31 juin 1771, morte à Montdidier, le 28 août 1859, après avoir été mariée à son cousin, FRANÇOIS PHILIPPE DE GUILLEBON, le dernier des Guillebon de Bazentin.

6° ANTOINE MARTIAL, *qui suit.*

7° LOUISE CATHERINE PÉLAGIE, née à Vaux (5). Elle épousa PIERRE DUMESNIL, ancien maire de Roye, dont elle n'eut pas d'enfant.

8° ÉDOUARD CONSTANT, auteur de la branche de Bourges, *qui suivra.*

Joseph de Guillebon mourut à Vaux, le 13 décembre 1788 (6).

(1) *Registres de catholicité de la paroisse de Vaux,* et *Bibliothèque nationale. Cabinet des Titres. Carrés d'*HOZIER, tome 321.

(2) *Bibliothèque nationale. Cabinet des Titres. Nouveau d'*HOZIER, dossier 3862, f⁰ˢ 8 et 9 : Preuves de noblesse pour Saint-Cyr, et *Carrés d'*HOZIER, tome 321.

(3) *Registres de catholicité de la paroisse de Vaux.* — (4) Ibidem. — (5) Ibidem. — (6) Ibidem.

X

Antoine Martial de GUILLEBON, chevalier, seigneur de Vaux, chevalier de l'ordre royal et militaire de saint Louis, né le 7 mars 1773, et décédé à Vaux, le 9 juin 1861, avait épousé, en premières noces, Alexandrine de RIENCOURT.

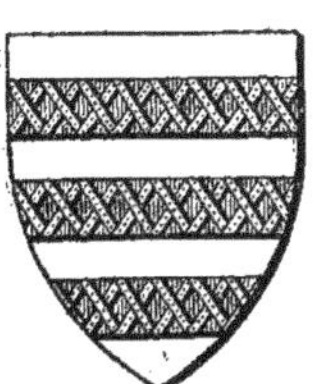

de Riencourt : *d'argent à trois fasces de gueules frettées d'or.*

Elle mourut à Montdidier, vers 1810.

Il épousa, en deuxièmes noces, le 20 novembre 1821, Justine Geneviève de PAIX de CŒUR, d'une famille de Normandie.

de Paix de Cœur : *de gueules au chevron d'argent, accompagné de trois cœurs du même.*

Elle mourut à Maignelay, et fut inhumée à Vaux.

De ce mariage sont issus :

1° Marie Antoinette Justine, née à Vaux, le 7 juin 1823, et décédée à Vaux-Frétoy, le 22 avril 1826.

2° Antoine, *qui suit.*

3° Charles Joseph Alexandre, né le 15 avril 1827, substitut du procureur impérial à Vendôme, procureur impérial à Marennes, et juge au tribunal de première instance du Havre. Il épousa Alice THÉZARD, en 1868, à Rouen, et mourut, le 11 mars 1872, sans laisser de postérité.

4° ALFRED ANTOINE, né le 24 novembre 1829, marié en premières noces, à Offre-thun, canton de Marquise (Pas-de-Calais), le 14 juin 1857, à CAROLINE GABRIELLE EDMÉE PRÉVOST DE MERLEVAL.

PRÉVOST DE MERLEVAL : *d'azur au lion d'argent accompagné, en chef, de deux étoiles, et en pointe d'un croissant, le tout du même.*

Elle mourut, le 18 novembre 1858, laissant un fils :

VICTOR ADRIEN, né le 17 novembre 1858.

Alfred de Guillebon épousa, en secondes noces, le 25 mai 1860, sa belle-sœur, LAURENCE PRÉVOST DE MERLEVAL. Il est mort, le 14 septembre 1877.

De ce mariage sont issus :

a). ADRIENNE, née à Offrethun, le 22 juillet 1862, alliée, le 17 mai 1881, à Paul DANZEL D'ANVILLE.

DANZEL D'ANVILLE : *de gueules au lion d'or.*

Il est fils d'Albert Louis Danzel d'Anville et d'Amélie de Cormette.

DE CORMETTE : *d'azur, à la palme de sinople et à l'épée d'argent, garnie d'or, posées en sautoir et accompagnées en croix de quatre molettes d'éperon d'or.*

b). ALICE JEANNE MARIE, née à Offrethun, le 10 octobre 1870, alliée, le 1er octobre 1889, à son cousin germain Alexandre DE GUILLEBON.

5° HENRI ALEXANDRE JOSEPH, né le 27 avril 1831, sous-officier au 3e régiment de dragons, mort à Vienne, en Dauphiné.

XI

ANTOINE MARIE MARTIAL DE GUILLEBON, né à Vaux, le 20 mars 1825, propriétaire actuel du château de Vaux, marié à Moreuil, le 9 avril 1860, à NOÉMIE ANGADRÈME DE SACY.

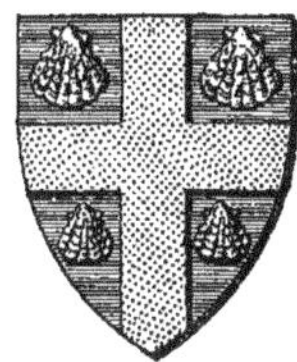

DE SACY : *d'azur à la croix d'or, cantonnée de quatre coquilles du même.*

De ce mariage sont issus :

1° ALEXANDRE, *qui suit.*

2° HENRI MARIE ANTOINE LOUIS, né le 27 juin 1865, allié, le 15 avril 1890, à MARTHE DE CACQUERAY DE L'ORME.

DE CACQUERAY DE L'ORME : *d'or à trois roses de gueules.*

XII

Alexandre Marie Antoine Victor de GUILLEBON, né à Moreuil, le 16 juillet 1861, allié, le 1er octobre 1889, à sa cousine germaine ALICE de GUILLEBON.

BRANCHE DE BOURGES

X

Édouard Constant de GUILLEBON, écuyer, né à Vaux, le 12 août 1779 [1], quatrième fils de Joseph, chevalier, seigneur de Vaux et de Ligneris, et de Marie Catherine du Mesnil. Il épousa, en 1802, à Lieuvillers, Angélique Joséphine MADAULE, et mourut le 15 janvier 1823.

De ce mariage est issu :

- Louis, *qui suit.*

XI

Louis Marie Joseph de GUILLEBON, né à Lieuvillers, le 18 pluviôse an XI (10 février 1803), s'engagea, en 1821, dans la garde royale infanterie, et servit ensuite dans les gardes du corps, de 1827 à 1830.

Il épousa, le 11 février 1831, Marie Louise Catherine MAGNARD de DRULON, d'une ancienne famille du Berry, anoblie, en 1484, par le roi Charles VIII.

(1) *Registres de catholicité de la paroisse de Vaux.*

MAGNARD DE DRULON : *d'azur au renard d'argent, passant sur une terrasse de sinople, surmonté de deux maillets d'or ; au chef cousu de gueules chargé de trois étoiles d'argent.*

Elle était fille de Pierre Magnard de Drulon et de Geneviève Louise Julie de Bridiers.

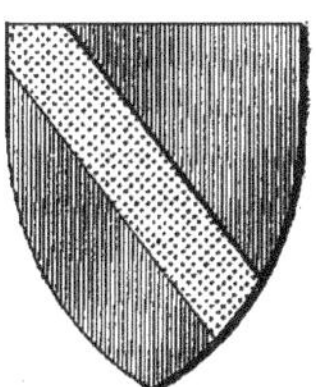

DE BRIDIERS : *de gueules à la bande d'or.*

Il mourut au château de la Chaume, le 23 septembre 1890.

De ce mariage sont issus :

1° MARIE CAROLINE ALODIE, née, le 5 janvier 1832, au château de Drulon, près Saint-Amand (Cher), alliée, le 18 février 1852, à LOUIS CHARLES AUGUSTE DU BOS.

DU BOS : *d'argent au lion de sable, armé et lampassé d'azur.*

Alodie de Guillebon est décédée au château de Bovelles, le 14 octobre 1889.

De ce mariage sont issus :

a). MARIE LOUISE, née à Bourges, le 28 février 1853, qui épousa, à Bovelles, le 30 avril 1873, son cousin René Le Bourgeois, alors lieutenant au 14ᵉ de ligne, actuellement chef de bataillon au 10ᵉ régiment de ligne.

Le Bourgeois : *d'azur au chevron d'or, accompagné de trois molettes d'éperon de même, deux en chef et une en pointe.*

De ce mariage sont issus :

aa). Louise Marie Madeleine, née à Bovelles, le 1ᵉʳ octobre 1874.
bb). Jacques Marie Armand, né à Bovelles, le 16 septembre 1877.
cc). Robert Marie Joseph Auguste, né à Bovelles, le 2 octobre 1879.

b). Pierre Louis Henri, né au château de la Chaume, le 11 septembre 1855, allié, le 15 janvier 1879, à Henriette de Gillès.

de Gillès : *d'azur au chevron d'or accompagné de trois glands tigés et feuillés de même, deux en chef et un en pointe, les deux du chef affrontés.*

Elle est fille de Arthur de Gillès et de Marie Le Bègue de Germiny.

Le Bègue de Germiny : *écartelé, aux 1ᵉʳ et 4ᵉ d'azur au poisson d'argent mis en fasce, aux 2ᵉ et 3ᵉ d'azur à l'écusson d'argent. Sur le tout, d'argent à l'aigle impériale de sable.*

De ce mariage est issu :

Louis Marie Joseph Jean, né à Bovelles, le 10 juin 1882.

c). Édouard Louis Marie Fernand, né à Fossemanant, le 9 avril 1857, entré à Saint-Cyr, en 1877, actuellement capitaine au 45ᵉ de ligne ; allié, le 24 mai 1883, à Marthe de Bengy de Puyvallée.

De Bengy de Puyvallée : *d'azur à trois étoiles d'argent.*

De ce mariage sont issus :

aa). Louise Marie Gabrielle Marguerite, née à Laon, le 27 mars 1886.

bb). Louis Marie Gabriel Roger, né à Laon, le 14 mai 1888.

d). Louis Robert, né à Fossemanant, le 9 décembre 1859, entré à Saint-Cyr, en 1878, actuellement lieutenant-instructeur au 3ᵉ régiment de chasseurs à cheval, à Abbeville ; marié, le 15 novembre 1884, à Cécile de Cossart d'Espiès.

De Cossart d'Espiès : *de gueules à la croix ancrée d'or, chargée de cinq ancres de marine d'azur.*

De ce mariage est issue :

Louise Marie Germaine, née au château de Couturelle, le 12 septembre 1885.

e). Édouard Marie Louis Joseph, né à Bourges, le 14 novembre 1863.

2° Édouard, *qui suit.*

XII

Edouard Pierre Gaston de GUILLEBON, né, le 13 juillet 1836, au château de Drulon, allié, en mai 1866, à Gabrielle BRANCHE de FLAVIGNY.

Branche de Flavigny : *d'azur au chevron d'or, accompagné en chef de deux coquilles d'argent, et d'un croissant du même en pointe.*

Elle est fille de M. Branche de Flavigny et de Henriette Louise Beauvisage de Seuil.

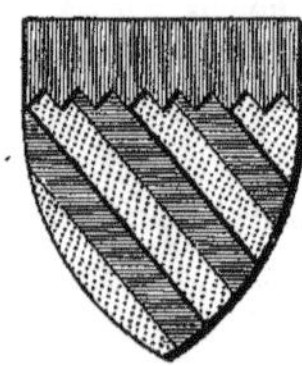

Beauvisage de Seuil : *d'or à trois bandes d'azur au chef denché de gueules.*

De ce mariage sont issus :

1° Marie Louise Gabrielle, née à Paris, le 24 janvier 1867.
2° Marguerite Marie Alexandrine, née au château de la Chaume, le 21 mars 1869.
3° Henri, *qui suit.*
4° Joseph Jules Paul, né au château de la Chaume, le 20 avril 1875.
5° Louis.
6° Yvonne.
7° Jeanne.

XIII

Henri Joseph Louis de GUILLEBON, né au château de la Chaume, le 3 mars 1873.

DESCENDANCE

DE

Anne Barbe de GUILLEBON

ET DE

Jacques de FORMÉ,

ÉCUYER, SEIGNEUR DE FRAMICOURT.

IX

Anne Barbe de GUILLEBON, née à Wavignies, le 17 septembre 1701, eut pour parrain Antoine Pingré, écuyer, seigneur du Chaussoy. Elle fut reçue à Saint-Cyr, sur preuves fournies, le 1er janvier 1708, à Charles d'Hozier, généalogiste du Roi [1].

Elle épousa, le 17 juillet 1725, Jacques de FORMÉ, écuyer, seigneur de Framicourt.

DE Formé : *d'azur à trois bandes ondées d'argent.*

(1) *Bibliothèque nationale. Cabinet des Titres,* tome 298. *Preuves de Saint-Cyr,* n° 84, et *Cabinet d'Hozier,* dossier 4568.

Il était fils de Jacques de Formé, écuyer, seigneur de Framicourt, et de Renée de Mailly, dame de Mareuil.

DE MAILLY : *d'or à trois maillets de sinople.*
Devise : *Hogne qui vonra.*

De ce mariage sont issus :

1° ANTOINETTE, *qui suit.*

2° MADELEINE, morte à Cantigny, sans avoir eu d'enfant, et inhumée à Fontaines.

Jacques de Formé, mari de Anne Barbe de Guillebon, était frère de Marguerite de Formé, alliée à Louis de Guillebon, chevalier, seigneur de Beauvoir.

X

ANTOINETTE DE FORMÉ, alliée à LOUIS PIERRE DE MONCHY, chevalier, seigneur d'Auberville, d'une famille originaire de Normandie *(de gueules à cinq cotices d'argent posées en.....)* [1]. Il fut tué à l'armée, le 24 mars 1752.

De ce mariage sont issus :

1° LOUIS JACQUES RENÉ, *qui suit.*

2° JOACHIM CÉSAR.

3° MARIE ANTOINETTE.

(1) DIEUDONNÉ DERGNY : *Les Cloches du pays de Bray,* tome Ier, page 267, et tome II, pages 288 et 289 ; et *Notice généalogique de la famille de Herte,* page 15.

XI

Louis Jacques René, marquis DE MONCHY, chevalier, seigneur d'Auberville, Grandcourt, Mondion, Framicourt, Cantigny, chevalier de l'ordre royal et militaire de saint Lazare, l'un des 200 chevau-légers de la garde ordinaire du Roi, né à Cantigny, le 8 septembre 1748, et décédé au même lieu, le 8 avril 1831.

Il épousa, le 3 février 1778, Marguerite Françoise DE GUILLEBON.

DE GUILLEBON : *d'azur à la bande d'or, accompagnée de trois besans de même, deux en chef et un en pointe.*

Elle était fille de Louis Nicolas de Guillebon et de Françoise Hélène Romanet. (*Armoiries,* p. 105.)

Étaient présents à ce mariage, du côté du futur époux : dame Antoinette de Formé, sa mère ; messire Joachim César, chevalier de Monchy, son frère ; damoiselle Marie Antoinette de Monchy, sa sœur, et messire Charles Félix d'Ainval ; et du côté de la future épouse : François de Paule de Guillebon et Louis Adrien de Guillebon, ses frères.

De ce mariage sont issus :

1° Louis (dit le gros Monchy), allié, en 1821, à Marguerite DE QUESNAY. Il mourut sans postérité, le 10 avril 1832, à l'âge de cinquante-deux ans.

2° Marie Césarine Joachime, *qui suit.*

XII

Marie Césarine Joachime de MONCHY, née à Cantigny, le 19 mars 1787, épousa, par contrat du 21 septembre 1818, passé devant M⁰ Pillon, notaire à Montdidier, Louis Frédéric de HERTE, né en 1781.

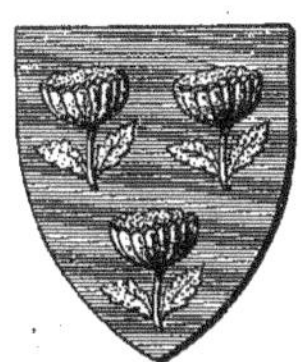

De Herte : *d'azur à trois soucis ou tournesols tigés et feuillés d'or.*

Il était fils de Charles Germain de Herte, chevalier, seigneur de Ferrières, ancien lieutenant au régiment d'Auvergne, président au présidial d'Amiens, et de Marie Louise Vincent Pingré de Fieffes.

Pingré de Fieffes : *d'argent au pin de sinople fruité d'or, sommé d'une gré ou grive de sable.*

De ce mariage est issu :

Louis Charles, *qui suit.*

XIII

Louis Charles de HERTE, né à Ferrières, le 28 mai 1821, allié, par contrat passé le 12 janvier 1842, devant Mes Poumet et Champion, notaires à Paris, à Marie Antoinette Aldegonde RUINART de BRIMONT.

Ruinart de Brimont : *d'azur au chevron d'or, accompagné en chef de deux étoiles d'argent, et en pointe d'un cœur de même, au chef d'or chargé d'une rose de gueules.*

Charles de Herte est mort, à Amiens, le 28 mars 1888.

De ce mariage sont issues :

1° Jeanne Marie Louise, née à Amiens, le 10 octobre 1851, alliée, le 27 octobre 1874, au comte Charles Tanguy Esprit Marie de La BOURDONNAYE, sous-lieutenant au 20ᵉ dragons, actuellement capitaine au 12ᵉ chasseurs à cheval.

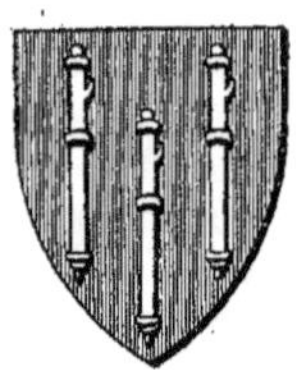

de La Bourdonnaye : *de gueules à trois bourdons d'argent placés deux et un.* Devise : *Pro aris et focis.*

De ce mariage sont issus :

a). Olivier Louis Charles Esprit, né le 6 août 1875.
b). Blanche.

2° Louise Marie Apolline, née à Amiens, le 1ᵉʳ mai 1854, alliée, le 23 septembre

1873, au baron CONSTANT MARIE JOSEPH DE BENOIST, ancien capitaine de la garde mobile de la Meuse, chevalier de la Légion d'honneur.

DE BENOIST : *écartelé, aux 1ᵉʳ et 4ᵉ d'azur à la bande d'or, acccompagnée en chef d'une étoile à six rais d'or, et en pointe d'un croissant de même ; aux 2ᵉ et 3ᵉ d'argent semé de fleurs de lys d'azur.*

De ce mariage sont issus :

a). CHARLES MARIE VICTOR, né le 9 juin 1874.

b). FRANÇOISE.

DESCENDANCE

DE

Marie Anne Antoinette Nicole de GUILLEBON

ET DE

Charles Gilles Marie, comte de LOUVEL.

X

Marie Anne Antoinette Nicole de GUILLEBON, née à Wavignies, le 12 août 1738, épousa, le 12 décembre 1758, Charles Gilles Marie, comte de LOUVEL, vicomte d'Autrèches, seigneur de Warvillers, Arvillers et autres lieux. (*Armoiries*, p. 117.)

Il était fils de Antoine Marie de Louvel, chevalier, vicomte d'Autrèches, seigneur de Warvillers, Arvillers et autres lieux, capitaine de cavalerie, chevalier de saint Louis, et de Gillette de Trécesson.

DE Trécesson : *de gueules à trois chevrons d'hermines.*

Assistèrent à ce mariage : M. de Guillebon, seigneur de Lignery, et M. de Guillebon, seigneur de Saint-Marc.

18

Marie Anne de Guillebon fut aveugle pendant plus de quarante ans. Elle habitait le château d'Autrèches [1].

De son mariage avec Charles Gilles Marie de Louvel, décédé à Autrèches, le 3 décembre 1818, est issu :

Antoine Marie Gilles, *qui suit.*

XI

Antoine Marie Gilles, comte de LOUVEL, chevalier, vicomte d'Autrèches, seigneur de Warvillers, Arvillers et autres lieux, chevau-léger de la garde du Roi, en 1775, capitaine au régiment de Conty-dragons. Il épousa, par contrat du 19 juin 1783, Anne Charlotte Gabrielle Lucie de La MYRE, chanoinesse de Neuville.

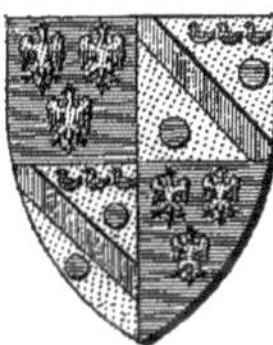

De La Myre : *écartelé aux 1er et 4e d'azur à trois aiglettes d'or, au vol abaissé, becquées, membrées et diadémées de gueules, posées 2 et 1 ; aux 2e et 3e d'or à la bande de gueules accompagnée en chef de trois merlettes de sable et en pointe de deux tourteaux d'azur.*

De ce mariage sont issus :

1° Marie Alexandre Édouard, *qui suit.*

2° Marie Gabrielle Eugénie, née en 1784, alliée, en 1801, au vicomte Louis Christophe HÉRICART de THURY.

Héricart de Thury : *d'or au mont de sinople mouvant du bas de l'écu, chargé de six flammes du champ, posées 3, 2 et 1, à trois fumées d'azur issant du sommet du mont, au chef de gueules chargé de trois étoiles d'argent.*

(1) Autrèches, Canton d'Attichy, Arrondissement de Compiègne.

La vicomtesse Héricart de Thury est morte au château de l'Échelle, le 1er octobre 1856, âgée de 72 ans.

De ce mariage sont issus :

a). LOUIS MARIE ALPHONSE, décédé en 1823.

b). MARIE ÉLISABETH EUGÉNIE, née en 1817, alliée, en 1836, à Léon Victor Clément DE BLAVETTE.

DE BLAVETTE : *d'azur à la fasce d'or accompagnée en chef d'un soleil, et en pointe d'une fleur de lys, le tout du même.*

aa). MARIE GABRIELLE NELLY, alliée, en 1858, à Antoine Marie Edmond DE FRÉZALS.

DE FRÉZALS : *d'azur à trois fraises d'argent posées en fasce.*

De ce mariage sont issus :

aaa). GEORGES MARIE GABRIEL EUGÈNE, né en 1859.

bbb). JEANNE MARIE GABRIELLE, née en 1861, alliée, en 1879, à Robert Marie Ghislain, comte DE BRÉDA, d'où : Ghislain, né en 1880.

DE BRÉDA : *écartelé aux 1er et 4e d'argent au lion de gueules couronné d'or, à la bordure de sable chargée de onze besants d'or, qui est* DE BERY ; *aux 2e et 3e d'argent à trois croissants de sable, qui est* DE POLANEN.

3° Marie Antoinette Amélie, née en 1788, décédée le 25 septembre 1858, au château de Warvillers.

Elle avait épousé Louis François, comte de VIGNERAL, décédé en 1809.

DE Vigneral : *d'azur au chevron d'or accompagné, en chef, d'un croissant d'argent, accosté de deux étoiles d'or, et en pointe d'une tête de léopard du même.*

De ce mariage est issu :

a). Gustave Marie, né en 1808, et décédé en 1869. Il avait épousé Henriette DE Vauquelin.

DE Vauquelin : *d'azur au sautoir engrelé d'argent, cantonné de quatre croissants de même.*

De ce mariage sont issus :

aa). Marie Hélène, née en 1833 et décédée en 1842.

bb). Marie Christian, comte de Vigneral, né en 1835, ancien officier d'état-major, officier de la Légion d'honneur, marié, le 14 octobre 1876, à Thérèse Marie Cardon de Garsignies.

Cardon de Garsignies : *d'azur à trois cardons tigés et feuillés d'or.* Devise : *Candor.* — *Acutè et suaviter.*

Elle était veuve de Gaston Marie, comte de Saint-Gilles, et fille de Léonce Cardon de Garsignies et de Jeanne Honorine de Rocquard.

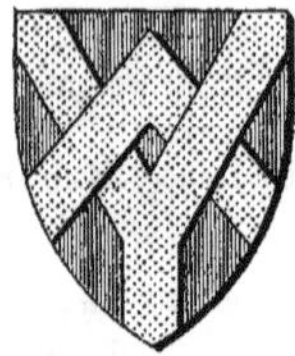

DE ROCQUARD : *de gueules au pairle et au chevron d'or entrelacés.*

De ce mariage sont issus :

aaa). RAOUL MARIE BERNARD.
bbb). GUSTAVE LOUIS MARIE.
ccc). ALICE MARIE JOSÈPHE.

cc). MARIE GASTON, né en 1843, décédé en 1866.

4° ÉLÉONORE MARIE JOSÈPHE, très connue sous le nom de Mlle de Lupel, morte sans alliance à Amiens, le 3 janvier 1867, après une vie toute consacrée aux bonnes œuvres. Elle fut une des principales bienfaitrices du patronage fondé par le vénérable M. Caille.

XII

EDOUARD MARIE ALEXANDRE, comte DE LUPEL, autorisé, ainsi que ses sœurs, par ordonnance royale du 13 septembre 1820, à substituer le nom de Lupel à celui de *Louvel.* Il épousa Mlle DU TREMBLAY.

DU TREMBLAY : *d'or au griffon de sable, au chef d'azur.*

Le comte de Lupel est mort en 1867, au château d'Autrèches.

De ce mariage sont issus :

1° Arthur, mort en 1867, sans avoir été marié.
2° Eugène, marié à Mlle VINCHON.

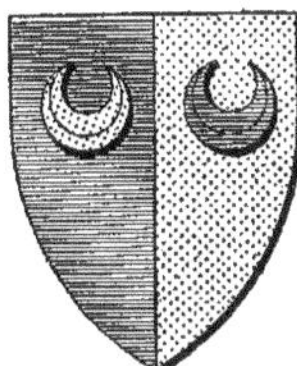

Vinchon : *parti : au 1er d'azur au croissant d'or ; au 2e d'or au croissant d'azur, les croissants placés en chef.*

De ce mariage est issue :

a). Jeanne, alliée, le 10 juillet 1876, à Maxime Boula, comte de Mareuil.

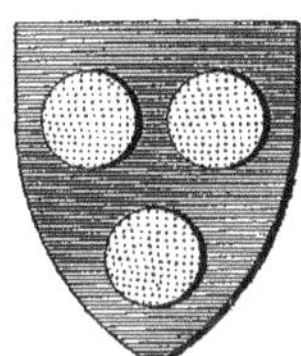

Boula de Mareuil : *d'azur à trois besans d'or.*

Il est fils du comte de Mareuil et de Amélie de Melun.

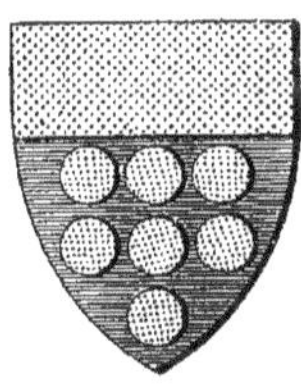

de Melun : *d'azur à sept besans d'or posés 3, 3 et 1, au chef d'or.*

3° Édouard, *qui suit.*
4° Gustave, mort des suites d'un accident de chasse.

XIII

Marie Alexis Édouard, comte de LUPEL, allié à Louise Aline Noël du PEYRAT.

De ce mariage sont issus :

1° Robert, tué, en 1870, à la bataille de Sedan.

2° Marie Suzanne Bathilde, alliée, le 12 juillet 1880, à Théobald Gabriel Octave, comte de CHOISEUL-GOUFFIER.

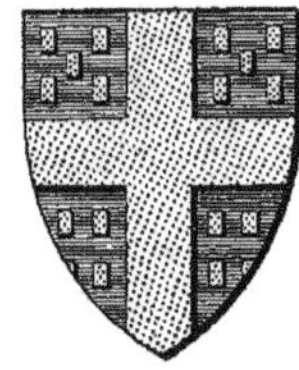

de Choiseul-Gouffier : *d'azur à la croix d'or cantonnée de dix huit billettes de même, cinq posées en sautoir dans chaque canton du chef, et quatre posées en carré dans chaque canton de la pointe.*

3° Guillaume, *qui suit.*

XIV

Guillaume Marie Arthur, comte de LUPEL, demeurant au château de Warvillers, allié, le 28 février 1878, à Marie Anne Julie Alix de MONTALEMBERT.

de Montalembert : *d'argent à la croix ancrée de sable.*

De ce mariage sont issus :

1° PIERRE MARIE ÉDOUARD, né en 1880.

2° JEANNE MARIE LOUISE, née en 1883.

3° ROBERT, né en 1889.

4° MADELEINE, née en 1891.

BRANCHE DU BOURBONNAIS

IV

N. GUILLEBON, fils de Philippe Le Thoillier de Guillebon et de Gabrielle de Chasserat, eut pour fils :

V

Martin GUILLEBON, dont sont issus :

1° Martin, *qui suit.*
2° Jean, auteur de la branche de Rouen, *qui suivra.*
3° Denis, demeurant à Paris.

VI

Martin GUILLEBON, écuyer, seigneur de Chevesne, allié à Marguerite ALLÉAUME,

Alléaume : *d'azur à trois coqs d'or.*

De ce mariage sont issus :

1° JEAN, écuyer, seigneur des Manteaux, allié à N. SENYER.

De ce mariage sont issus :

a). ANTOINE, écuyer, seigneur des Manteaux.

b). BERNARD, écuyer, seigneur du Châtelet et de Montferat, chevalier de saint Louis, capitaine de carabiniers. Il épousa Henriette Thérèse HUGO, fille de Nicolas, écuyer, marié, en 1662, à Glossende Collin (1).

HUGO : *d'azur au chef d'argent chargé de deux merlettes de sable.*

De ce mariage est issu :

aa). JEAN, écuyer, seigneur du Châtelet.

2° GABRIEL, *qui suit.*

3° et 4° Deux filles religieuses.

VII

GABRIEL GUILLEBON, écuyer, seigneur de la Chaussée, lieutenant réformé à la suite de la compagnie de Marivaux (2). Il épousa ÉLISABETH MÉNIER.

De ce mariage sont issus :

1° JEAN, écuyer, seigneur de la Chaussée, allié à MARIE ACHARD, dont il eut deux filles.

(1) Note de M. le marquis DE CIVILLE.

(2) Quittance, du 31 janvier 1683, de 41 livres 13 sous 4 deniers pour payer ses gages du mois de janvier. *Bibliothèque nationale. Cabinet des Titres. Pièces originales*, tome 1444, dossier 32700, n° 3.

ACHARD : *d'azur au lion d'or armé et lam-*
passé de gueules et chargé de deux fasces alai-
sées aussi de gueules.

2° JEAN GABRIEL, *qui suit.*

3° PAUL, écuyer, seigneur de. . . . . en Bourbonnais.

4° MARIE, alliée à N. FAYONNET.

VIII

JEAN GABRIEL GUILLEBON, écuyer, seigneur des Chezeaux, chevalier de saint Louis, capitaine au régiment de royale-cavalerie, allié à
GABRIELLE SEMEN. Il fut confirmé dans sa noblesse par lettres patentes
données à Versailles, en juin 1704 [1].

De ce mariage sont issus :

1° JEAN-BAPTISTE, *qui suit.*

2° JEAN GABRIEL.

3° NICOLAS.

4° FRANÇOISE, alliée à N. BERTRAND.

IX

JEAN-BAPTISTE TOUSSAINT MARIE DE GUILLEBON, écuyer, seigneur des Fontaines, demeurait à Barbery, paroisse de Dransart. Il

---

(1) *Bibliothèque nationale. Cabinet des Titres. Pièces originales,* tome 1444, dossier 32699,
n°⁸ 9 et 10.

épousa, par contrat du 24 août 1730, AIMÉE FRANÇOISE DE CHARLES, fille de feu Guillaume de Charles et de Catherine Rinel [1].

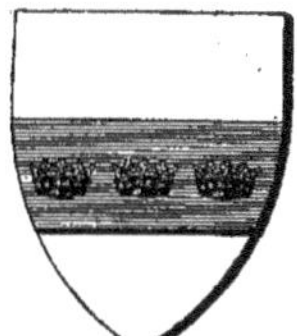

DE CHARLES : *d'argent à la fasce d'azur chargée de trois couronnes ducales d'or.*

Assistèrent à ce contrat : Messire Jean-Baptiste Toussaint Marie de Guillebon, écuyer, seigneur des Fontaines, fils de défunt messire Jean Gabriel de Guillebon, écuyer, seigneur de Chazeaux, en son vivant, chevalier de l'ordre royal et militaire de saint Louis, premier capitaine au régiment du Roy-cavalerie, et de défunte dame Gabrielle Semen. Ledit sieur de Guillebon, majeur de droit, demeurant au lieu de Barbery, paroisse de Dransart, d'une part ; et dame Aimée Françoise de Charles, fille de défunt Guillaume de Charles et de Catherine Rinel, sa femme, à présent sa veuve.

(1) *Archives du château d'Avrilly*, près Moulins, en Bourbonnais. Ce contrat a été gracieusement déposé aux archives du château de Beauvoir par M. le vicomte Ernest des Roys.

BRANCHE DITE DE ROUEN

ET DE MONTMIRAIL [1].

***

VI

Jean GUILLEBON, fils puîné de Martin, Ier du nom, habitait Paris. Il épousa Marie POIGNANT.

POIGNANT : *d'argent au chevron de sable, accompagné de trois macles du même.*

De ce mariage sont issus :

1º Guillaume, *qui suit.*

2º Une fille dont on ignore le nom.

(1) La filiation de cette branche a été dressée d'après une généalogie trouvée dans le *Nouveau d'Hozier,* dossier 3861, fº 9. *Bibliothèque nationale, Cabinet des Titres.*

VII

Guillaume GUILLEBON, demeurant à Paris, épousa, par contrat du 3 novembre 1636, Élisabeth THEVENTIER.

De ce mariage est issu :

Claude, *qui suit.*

VIII

Claude GUILLEBON, échevin de Paris, en 1701, marié, par contrat du 14 février 1681, à Marie RENAUD ou REGNARD. D'après deux quittances sur les gabelles [1], sa femme serait morte avant 1700, laissant plusieurs enfants. Il se serait remarié à cette époque. On n'a pu retrouver le nom que d'un seul de ses enfants :

Jacques Claude, *qui suit.*

IX

Jacques Claude GUILLEBON, juge consul en 1698, bourgeois de Paris. Il épousa, par contrat passé à Rouen, le 12 janvier 1711, Anne HAVET de NEUILLY.

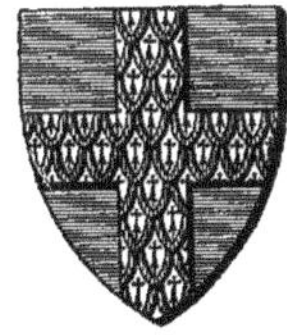

Havet de Neuilly : *d'azur à la croix d'hermines papelonnée de gueules.*

---

(1) *Pièces originales*, tome 1444, dossier 32699, n° 6.

Jacques Claude Guillebon devint premier juge consul à Rouen, en 1716, et prince des consuls l'année suivante. Vers la fin de sa vie, ayant abandonné son négoce à ses enfants, il retourna habiter sa maison de la rue Mauconseil, à Paris. C'est là qu'il mourut. Il fut inhumé, le mardi 20 mars 1725, en l'église Saint-Eustache [1].

De son mariage sont issus :

1° CLAUDE, seigneur de Neuilly [2], la Folletière [3], Tourneborsset, en 1763, allié le 26 décembre 1743 à MARIE MIDY DE LA GRAMERAIS. Elle mourut en 1786, et fut inhumée, le 18 octobre, dans le cloître des religieuses de Gravelines.

MIDY DE LA GRAMERAIS : *d'azur au chevron d'or accompagné en chef de deux étoiles du même, et en pointe d'un croissant d'argent ; à une palme de sinople, mouvante du croissant et brochant sur le chevron.*

2° JEAN, *qui suit.*

3° MARIE ANNE ÉLISABETH, alliée, le 5 janvier 1735, à JACQUES NICOLAS COLLAUX, lieutenant général de police à Caudebec.

(1) Billet de faire part. *Bibliothèque nationale. Cabinet des Titres. Pièces originales,* tome 1444, dossier 32699, n° 8.

(2) Communication de M. le comte D'ESTAINTOT, de Rouen. — NEUILLY, Commune du Canton d'Isigny (Calvados), ou NEUILLY-LE-MALHERBE, Canton d'Evrecy, même département.

(3) LA FOLLETIÈRE. Deux communes de ce nom : Canton de Pavilly (Seine-Inférieure), et Canton d'Orbec (Calvados).

X

Jᴇᴀɴ ᴅᴇ GUILLEBON, baron de Montmirail [1] et de la Bazoche-en-Perche [2], épousa Mᴀᴅᴇʟᴇɪɴᴇ Fʀᴀɴçᴏɪsᴇ Lᴇ BOUCHER, fille de N. le Boucher et de Madeleine Jores.

Lᴇ Bᴏᴜᴄʜᴇʀ : *de gueules au chevron d'or, accompagné de trois roses d'argent.*

Au registre B, 702, de la Cour des Comptes, Aydes et Finances de Normandie, sous la date du 15 juillet 1756, se trouve l'acte de présentation de lettres de confirmation de noblesse et d'anoblissement en tant que de besoin, au profit de Claude et de Jean Guillebon, frères, négociants à Rouen, comme issus d'une famille noble ayant dérogé d'une souche commune avec Jean Gabriel Guillebon, capitaine au régiment du Roy-cavalerie, chevalier de saint Louis, confirmé dans sa noblesse, par lettres-patentes de juin 1704.

Cet acte, enregistré à Rouen, a été fait en deux pièces, du 24 avril et du 25 juin, par Louis Pierre d'Hozier. Il établit la parenté telle que nous venons de le faire et reconnaît comme armoiries à la branche de Rouen : *d'azur à la bande d'or accompagnée de trois besans de même, deux en chef et un en pointe* [3].

Voici l'épitaphe qui se trouve sur la tombe de la femme de Jean de Guillebon dans l'église de Montmirail :

A la mémoire de dame Madeleine Françoise Le Boucher, épouse de Jean de Guillebon, écuyer, seigneur des baronnies de Montmirail, la Bazoche et autres lieux.

Tous les avantages que le monde admire : grâces extérieures, agréments de l'esprit, finesse du goût, justesse du discernement, connaissances, talents, lumières, elle les posséda sans orgueil.

[1] Mᴏᴍᴛᴍɪʀᴀɪʟ, chef-lieu de Canton, Arrondissement de Mamers (Sarthe).
[2] Lᴀ Bᴀᴢᴏᴄʜᴇ-Gᴏᴜᴇᴛ, Canton d'Authon (Eure-et-Loire).
[3] *Bibliothèque nationale. Cabinet des Titres. Nouveau d'*Hᴏᴢɪᴇʀ, dossier 3861, f⁰ˢ 3, 4 et 8.

Tous les mérites qui honorent l'humanité : élévation de l'âme, sensibilité du cœur, délicatesse de sentiments, constance dans l'amitié, vérité, droiture, douceur de caractère, elle les exerça sans ostentation.

Toutes les vertus que Dieu récompense : attachement à ses devoirs, bienfaisance généreuse, piété éclairée, elle les posséda sans inégalité.

Sanctifiant la fermeté du philosophe par la soumission du chrétien.

Éprouvée par une maladie longue et douloureuse, elle mourut à Bordeaux, en revenant de Barrèges, le 12 octobre 1761, dans la 34ᵉ année de son âge, infiniment regrettée et digne de l'être.

Jean de Guillebon, son mari, a fait élever ce monument à cette femme forte, objet éternel de ses regrets.

Jean de Guillebon mourut longtemps après sa femme, et fut également inhumé dans l'église de Montmirail.

De ce mariage sont issus :

1° ANNE MARIE, *qui suit.*

2° MARIE AGLAÉ, alliée, le 9 mai 1775, à PIERRE LOUIS LE CARPENTIER, seigneur de Chailloué, conseiller au Parlement de Normandie. Elle est décédée à Rouen, sans laisser de postérité, le 22 septembre 1831 [1].

LE CARPENTIER DE CHAILLOUÉ : *d'argent à deux poissons d'azur posés en pal, au chef de gueules chargé de trois molettes d'éperon d'or.*

3° MONIQUE AMÉLIE, baptisée le 28 janvier 1757. Elle épousa, en mai 1775, JEAN PIERRE ADRIEN AUGUSTIN LE PESANT DE BOISGUILBERT.

LE PESANT DE BOISGUILBERT : *d'azur au chevron d'or accompagné en chef de deux têtes de lion arrachées, et en pointe d'un cœur, le tout du même.*

(1) Note de M. le comte D'ESTAINTOT. Inventaire dressé par Mᵉ Alliès, notaire à Rouen, le 4 novembre 1831, dans lequel sont repris les neveux et les nièces de Mᵐᵉ Le Carpentier de Chailloué.

De ce mariage sont issus :

a). PIERRE, allié à demoiselle CAVELIER DE LA GARENNE.

CAVELIER DE LA GARENNE : *d'azur au croissant d'argent, accompagné de trois étoiles d'or*.

De ce mariage est issu :

MARCEL, allié à Clémence Adrienne LE BÈGUE DE GERMINY (*Armoiries*, p. 127), d'où postérité et alliances avec les familles DE TORSAY, DE FAYET, etc.

b). VICTOR, allié à demoiselle DE LA BARRE DE NANTEUIL.

DE LA BARRE DE NANTEUIL : *de gueules à trois merlettes d'argent*.

c). AUGUSTIN CHARLES, décédé à Puiterville, le 11 février 1856, allié à Victorine DE GUÉNANT.

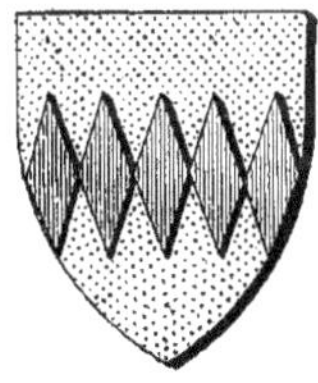

DE GUÉNANT : *d'or à cinq fusées de gueules, posées en fasce*.

De ce mariage sont issus :

aa). PIERRE CHARLES, allié à Juliette ROBERT DE SAINT-VICTOR, d'où postérité.

Robert de Saint-Victor : *d'azur au lion d'or*.

bb). Olivier Stanislas, décédé le 29 janvier 1887. Il avait épousé Marie Louise Bengham, d'où postérité.

Bengham : *écartelé aux 1ᵉʳ et 4ᵉ d'azur à la fasce d'or accompagnée de deux burèles du même ; aux 2ᵉ et 3ᵉ d'azur à trois croix pattées d'argent ; sur le tout, coupé d'argent à deux merlettes de sable, et d'azur à trois épis de blé d'or, surmonté d'une couronne ducale brochant sur les deux premiers quartiers.*

cc). Jean Adrien René, décédé le 1ᵉʳ juin 1870.
dd). Paul Alfred, décédé le 2 décembre 1884.

d). Amélie, mariée : 1° à M. de Grosourdy de Saint-Pierre,

de Grosourdy de Saint-Pierre : *de gueules à la fasce d'argent accompagnée en chef d'un croissant, et en pointe de deux roses, le tout du même.*

et 2° à M. de Plaimpel, dont une fille alliée au comte Rousseau de Chamois.

de Plaimpel : *d'argent au chevron d'azur accompagné de trois têtes de léopard du même.*

e). Louise, décédée le 2 mai 1847. Elle avait épousé François de Cabeuil.

DE Cabeuil : *de gueules au chevron d'argent, accompagné de trois gerbes de blé du même.*

De ce mariage est issue :

Gabrielle, décédée le 13 janvier 1873. Elle avait épousé Abel Henri Charles Hurtrel d'Arboval, d'où postérité et alliances avec les familles d'Argence, de Villepin, Chevallier de La Petite-Rivière, de Vaugiraud et des Pommare.

Hurtrel d'Arboval : *d'azur au chevron d'or, accompagné de trois tourelles du même, maçonnées de sable, et posées deux en chef et une en pointe.*

f). Marie Aglaé, alliée à Ambroise Belhomme de Franqueville.

Belhomme de Franqueville : *de gueules à l'aigle d'or, surmontée de trois étoiles rangées en chef.*

De ce mariage sont issus :

aaj. Albert, allié : 1° à Léontine Poret de Civille ; 2° à demoiselle Guyot de La Cour ; 3° à demoiselle Pelletier.

PORET DE CIVILLE : *écartelé aux 1ᵉʳ et 4ᵉ d'azur à trois glands d'or posés 2 et 1 ; aux 2ᵉ et 3ᵉ d'argent au chef d'azur chargé d'une fleur de lys d'or accostée de deux molettes d'éperon du même.*

bb). EDMOND, décédé sans alliance.

cc). AYMAR, allié à demoiselle GUÉRINEAU DE BOISVILLETTE.

GUÉRINEAU DE BOISVILLETTE : *d'argent au chevron de gueules, surmonté d'un lambel à trois pendants du même et accompagné de deux étoiles aussi de gueules en chef, et de trois tours mal ordonnées, de sable, en pointe.*

De ce mariage sont issus :

aaa). PAUL, allié à demoiselle DE BOISGELIN.

DE BOISGELIN : *écartelé aux 1ᵉʳ et 4ᵉ de gueules à une molette d'éperon d'argent à cinq pointes ; aux 2ᵉ et 3ᵉ de sable plein.*

bbb). MARIE CLAIRE AMÉLIE, alliée à Jacques Alexandre Louis LAW, comte DE LAURISTON.

LAW DE LAURISTON : *d'hermines à la bande de gueules, accompagnée de deux coqs du même, l'un en chef et l'autre en pointe, à la bordure engrelée aussi de gueules.*

4° Une fille, probablement MADELEINE CONSTANCE, morte sans avoir été mariée.

XI

Anne Marie de GUILLEBON, née en 1747, décédée, à Paris, le 27 juillet 1779, alliée à Jean Laurent SUSANNE, seigneur de Bréauté et de la Chapelle, conseiller de la grand'chambre au Parlement de Normandie, né en 1732, mort, à Paris, le 3 novembre 1775.

Susanne de Bréauté : *d'or à deux arbres arrachés de sinople, posés en sautoir, accompagnés de trois étoiles d'azur, deux aux flancs et une en pointe.*

Il était fils de Louis Pierre Susanne, capitaine au régiment de la Reine, et de N. de La Cour des Bois.

De ce mariage sont issus :

1° Catherine, *qui suit.*

2° Jean, décédé le 29 août 1847, après avoir été marié à demoiselle de Beaunoy.

XII

Catherine SUZANNE de BRÉAUTÉ, née à Rouen, le 13 avril 1767, alliée, le 1ᵉʳ mai 1787, à Nicolas Guillaume GRENIER d'ERNEMONT, chevalier de saint Louis, officier de dragons, puis capitaine à l'armée de Condé. Elle est décédée le 29 juin 1847.

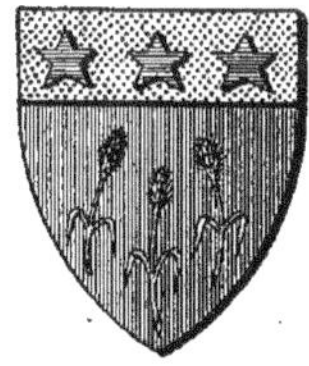

Grenier d'Ernemont : *de gueules à trois épis de blé d'or rangés en fasce, au chef d'or chargé de trois étoiles d'azur.*

De ce mariage sont issus [1] :

1° GUILLAUME ou WILLIAM, officier de cavalerie, né en 1788, allié à AMÉLIE DE GIVERVILLE, le 4 mars 1822. Il est mort, au château de Neuilly, le 27 avril 1868.

DE GIVERVILLE : *d'or à la fasce d'azur chargée d'un croissant d'argent, accompagnée de quatre molettes d'éperon de sable, 2 en chef et 2 en pointe.*

De ce mariage sont issus :

a). GUILLAUME HENRI ANTOINE, marié à demoiselle DE LAUREAU, d'où postérité et alliances avec les familles DE CADARAN et WIETZEL.

DE LAUREAU : *d'or au laurier de sinople, au chef de gueules chargé d'une épée d'or posée en fasce, la pointe à senestre.*

b). ANTOINETTE, mariée à Henri Raoul LE FILLEUL DE LONGTHUIT, d'où postérité et alliances avec les familles DE BRAY, DE CHAUMONTEL et DE LA GROUDIÈRE.

LE FILLEUL DE LONGTHUIT : *d'azur au lion d'or chargé de trois fasces du même brochant sur le tout, au franc-canton dextre aussi d'or.*

(1) Notes de M. le comte DE CIVILLE.

2° Rose, alliée à Auguste Antoine Eugène de BERTENGLES. Elle est décédée, sans enfant, le 28 mai 1874.

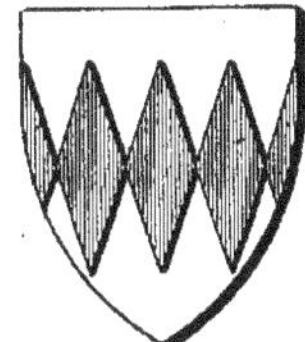

De Bertengles : *d'argent à trois fusées et deux demies, accolées et posées en fasce, de gueules.*

3° Étienne, décédé à Ernemont, le 29 septembre 1882.

4° Élisabeth ou Élisa, alliée à Anne Antoine MIRLEAU d'ISLE. Elle est morte, à Soulanges, le 8 décembre 1875.

Mirleau d'Isle : *de gueules au cygne d'argent nageant sur une mer du même, accompagné en chef de deux étoiles d'or.*

5° Henriette, alliée à Adolphe Joseph, baron d'ANDRÉ.

d'André : *de gueules au sautoir d'or.*

De ce mariage sont issus :

a). Suzanne Marie Béatrix, alliée à Camille Octave Tanneguy de Clinchamp-Bellegarde (*Armoiries*, p. 112), d'où postérité et alliances avec les familles de Campou, Bodard du Rousseau de Ferrières et de Rocquigny.

b). Clotilde, alliée à M. de Joybert (*Armoiries*, p. 61), d'où plusieurs enfants, entre autres une fille, mariée à M. Guerrier de Dumast.

Malgré les nombreuses recherches faites à la Bibliothèque nationale et dans les archives publiques et privées, pour rendre cette généalogie aussi complète et surtout aussi exacte que possible, nous n'avons pu rattacher, ni au tronc principal, ni aux vigoureuses branches qui en sont sorties, un certain nombre de rameaux portant ce nom de GUILLEBON. Mentionnons-les néanmoins, ne serait-ce que pour faciliter des recherches postérieures.

Dans l'*Obituaire de l'Abbaye de Saint-Victor, à Paris*, on lit qu'ETIENNE DE GUILLEBON, après avoir été, pendant seize ans, camérier [1] de l'abbaye, mourut le 2 avril 1602.

On trouve dans l'*Histoire des Cloches du pays de Bray,* que François du Buisson, écuyer, seigneur de Sazeret et de Champfont, fut marié, en 1669, à MARIE DE GUILLEBON, fille de messire DE GUILLEBON, seigneur des Fontaines.

En 1663, CATHERINE DE GUILLEBON était femme de ANDRÉ DE FROMONT, chevalier, seigneur de Bize.

MARIE NICOLE DE GUILLEBON épousa JEAN JOURDAN, seigneur châtelain de Boissy, secrétaire du Roi.

De ce mariage naquirent :

1° PIERRE JEAN, baptisé à Saint-Nicolas des Champs, à Paris, le 11 février 1703.

---

(1) On appelait *Chambrier* ou *Camérier,* dans certains chapitres, le chanoine qui en administrait les revenus. CHÉRUEL, *Dictionnaire historique*, tome 1er, page 126.

2° Marie Claire Ursule, mariée, à Saint-Nicolas des Champs, à Paris, le 22 octobre 1720, avec François MORIN, écuyer, seigneur de Tourville, fils de feu Cardin Morin et de Françoise Madeleine Michel.

Louis Joseph de GUILLEBON était, en 1789, seigneur de Bertrand-Neuf-Moulin.

Demoiselle N. de GUILLEBON avait épousé Mathias de La MOUSSE, écuyer.

de La Mousse : *de sable au lion d'argent armé et lampassé de gueules, au chevron aussi de gueules brochant sur le tout.*

Philippe Le BEL, seigneur de la Boissière, épousa Jeanne GUILLEBON.

Qu'il nous soit permis, en terminant ce travail généalogique, d'en rapporter le principal mérite à M. Gustave de GUILLEBON, ancien capitaine d'infanterie, chevalier de la Légion d'honneur, enlevé, le 4 février 1892, à l'affection des siens, par une longue et douloureuse maladie dont il avait contracté le germe pendant la dure campagne du Mexique. C'est à lui surtout que les membres de la famille doivent la publication de cette généalogie, dont il avait rassemblé les éléments avec un soin pieux et un travail opiniâtre.

APPENDICE

APPENDICE

I

ENQUÊTE DE NOBLESSE

PAR COMMUNE RENOMMÉE, DES 25 ET 27 FÉVRIER 1599.

ENQUESTE faicte en la ville de Mondidier, les jœudy vingt cincquiesme et sabmedy vingt septiesme jour de febvrier mil cincq cens quatre vingtz dix neuf, par nous, Jehan Le Maire, esleu pour le Roy en l'eslection de Mondidier et Roye, avec et en la présence de maistre Jehan Pinguez, premier adjoinct roial audict Mondidier, à la requeste et sur les faictz et articles de Claude LE THOILLER, dict DE GUILLEBON, seigneur de Beauvoir, demandeur par requeste, d'une part, allencontre du procureur du Roy nostre Sire en ladicte eslection, deffendeur, d'aultre part. En laquelle enqueste ont esté ouiz, jurez et examinez les tesmoings cy après nommez dont les noms, surnoms, aages, qualitez, demeurances, dictes et deppositions enssuivent :

Et premier :

Anthoine Caron, dict Lespine, serviteur domestique du seigneur de Taigny, près Poix, demeurant audict Taigny, aagé de quarante ans ou environ, tesmoing produict, juré et ouy sur les faictz et articles dudict LE THOILLER, lequel après serment faict de dire vérité.

A dict avoir bonne cognoissance de Claude LE THOILLER, dict GUILLEBON, escuier, seigneur de Beauvoir, fils de feu Anthoine LE THOILLER, dict GUILLEBON vivant aussy escuier, seigneur de Blancfossé et du dict Beauvoir, pour les avoir veu et congneu, savoir ledict Anthoine, père dudict, soit environ trente six ans audict villaige de Beauvoir, duquel villaige le tesmoing est natif, et se recorde que ledict Anthoine, estant au villaige du Blancfossé ou il faisoit toute sa continuelle demeure, fut prié et requis par les habitans dudict Beauvoir de faire desloger les gens de guerres quy y estoient suivant laquelle prière et en sa faveur et crédict, lesdictz gens de guerres deslogèrent. Sy scait que ledict Anthoine estoit tenu et repputé pour noble, vivant noblement, entretenant chevaulx, armes et chiens comme faisoient les aultres gentilhommes voisins, vivant de ses biens et revenuz desdictes terres du Blancfossé et Beauvoir, estant ledict Beauvoir de revenu annuel environ douze cens livres, sans ledict Blancfossé, duquel il ne scait le revenu pour ne s'en estre enquis, et, au regard dudict Claude, fils dudict Anthoine, il a icelluy aussy veu et congneu continuer les mesmes traces de noblesse de sondict père, vivant noblement et du revenu desdictz terres à luy délaissez par sondict père, n'aiant jamais tenu ferme d'aultruy ny faict aucun acte desrogeant audict previllège de noblesse, aiant continuellement porté les armes dès et depuis vingt deux ans et plus. Ce qu'il scait pour avoir suivy ledict Claude, seigneur de Beauvoir, et comme son serviteur esté en la guerre es sièges de la Charité et Yssonne (Issoire) en qualité d'homme d'arme de la compagnie du sieur de la Rochepot; depuis se seroict ledict sieur de Beauvoir mis en la compagnie du feu sieur duc de Joieuse, et tost après en celle du duc d'Aumalle, en ladicte qualité d'homme d'arme, comme il a veu au premier siège de la Fère, estant ledict tesmoing soldact voluntaire audict siège ; dict plus que ledict seigneur de Beauvoir estoict enseigne du feu seigneur de Sesseval, aiant esté en ceste qualité pour le service du Roy au siège de Dourlens, où ledict seigneur de Sesseval et plusieurs aultres grandz cappitaines furent tuez et icelluy seigneur de Beauvoir blessé de plusieurs coups et rapporté pour mort, comme ledict tesmoing a veu, estant audict siège soldact de ladicte compagnie, ayant aidé à rapporter ledict seigneur de Beauvoir jusques en la ville d'Amiens, blessez de deux coups l'un au travers de la cuisse et aultre travers le corps. Dict pour l'avoir oy dire, aultrement ne le scait, que lesdictz LE THOILLER sont descendus de la maison et famille d'Angiviller tenue et repputée pour noble et comme telles ont estez alliez en la famille des seigneurs de Piennes et Cuignières, et n'a jamais veu ny ouy revocquer en doubte que ledict Claude LE THOILLER n'aict esté gentilhomme ayant espousé une damoiselle de la maison des seigneurs de Tasgny et d'Achy. Et est ce qu'il a dict.

Taxé audict depposant pour sa journée qu'il a signé sa déposition, au minut des présentes, XX sols.

Suivent les dépositions, à peu près identiques à celle qui précède quant aux détails, mais absolument conformes quant à l'affirmation de la noblesse de la famille de Guillebon, de Jehan Caron, laboureur à Beauvoir, âgé de soixante-douze ans ; de Nicolas Faulqueulx, tailleur d'habits, demeurant à Beauvoir, âgé de soixante-six ans ; de Fiacre Wiart, laboureur à Beauvoir, âgé de cinquante ans ; de Jehan de Cuignières, chirurgien, âgé de

soixante-dix-huit ans, natif d'Angivillers, demeurant à Monstiers ; de Jacques Cocu,
manouvrier, demeurant à Angivillers, âgé de cinquante-deux ans ;

Au bas de la dernière de ces dépositions, toutes taxées à XX sols, se trouvent les signa-
tures : A. LEMAIRE. — PUIGNET.

Et le sabmedy vingt septiesme jour de febvrier audict an cincq cens quatre vingtz
dix neuf, pardevant nous juge susnommé, avec et en la présence de maistre Enoch
Dubus, adjoinct royal audict Mondidier, a esté proceddé au parachèvement de ladicte
enqueste, selon qu'il s'ensuict.

Jehan du Bouchart, escuier, seigneur dudict lieu, de Ravenel et Vallecourt en
partie, aagé de cincquante nœuf ans ou environ, tesmoing produict, juré et ouy en ladicte
enqueste sur les dictz faictz dudict LE THOILLER, lequel après serment faict de dire vérité.

A dict qu'il est natif dudict Ravenel, ou il a tousjours demeuré comme il faict encore
de présent, distant du villaige d'Angiviller de demy lieue, pour quoy a bonne cognoissance des deux seigneurs d'Angiviller, derniers déceddez, du nom desquelz ne se souvient, lesquelz estoient proche parens et cousins germains à Claude LE THOILLER dict
DE GUILLEBON, seigneur de Beauvoir, qu'il a tousjours veu et congnu vivre noblement
sans faire aucune chose desrogeant audict previllége de noblesse, ayans esté allié en la
maison de Cuignières. Comme tousjours, depuis qu'il en a congnoissance, porté les armes
pour le service des rois de France, n'aians estez cottisez ny compris aux tailles et
aultres subscides, comme sont les roturiers ; mesme se souvient que deffunct Anthoine
LE THOILLER, dict DE GUILLEBON, père dudict Claude, auroict esté tué a la bataille de
Dreux, estant gens d'arme de la compagnie de Monsieur de Piennes, comme pareillement
tous les dessusditz, mesmement ledict Claude LE THOILLER continue et continuent de
porter les armes, entretenans chevaulx de service et en bonne esquipaige, se sont tousjours trouvez aux lieux, rencontres et voiaiges quant ilz ont estez commandez par sa
Majesté, comme il scait pour avoir veu ledict Claude homme d'armes de la compagnie
du seigneur de la Rocheppot, du duc de Joieuse et seigneur d'Estrée, et enseigne du
feu seigneur de Sesseval, tant au premier sciège de la Fère, de Dourlens, ou ledict seigneur de Sesseval mourut avec plusieurs grandz cappitaines, ledict Claude fort blessé.
Et encore du depuis au sciège d'Amiens ou il auroict tousjours esté jusques à la réduction d'icelle. Comme auroict aussy faict Aaron LE THOILLER dict DE GUILLEBON, escuier,
seigneur du Blanc fossé, frère puisné dudict Claude, n'aians jamais veu ny ouy révocquer
en doubte que lesdictz LE THOILLER né feussent noble, venuz et issus de noble famille.
Et est ce qu'il a dict.

Taxé audict seigneur depposant quy a signé sa depposition au minut des présentes,
I livre.

Charles du Bois, escuier, seigneur du petit Cardonnoy, demeurant de présent au
petit Crévecœur lez Ferrière, aagé de quarante ans ou environ, tesmoing produict, juré

et ouy en ladicte enqueste sur les faictz dudict Claude LE THOILLER, lequel après serment faict de dire vérité :

A dict estre natif du villaige de Montigny ou il a tousjours demeuré et audict Crevecœur jusques à présent, a bonne congnoissance de Claude LE THOILLER, dict DE GUILLEBON, seigneur dudict Beauvoir, filz de feu Anthoine LE THOILLER, dict DE GUIL-LEBON, vivant escuier, seigneur de Blanc fossé et dudict Beauvoir, quy estoit cousin germain à François LE THOILLER, ledict François, père de Sébastien LE THOILLER, aussy dict DE GUILLEBON, dernier déceddé seigneur d'Angiviller. Ce qu'il scait pour avoir espousé la sœure dudict Sébastien.

Dict plus, que de tout temps et antienneté, lesdictz LE THOILLER, dict DE GUILLEBON, seigneurs d'Angiviller, de Blanc fossé et Beauvoir, ont tousjours esté et sont repputez nobles, yssus de nobles familles et alliez es maisons de Cuigniers et de Tagny, vivant bailly d'Amiens, et comme telz ont vescu et vivent noblement comme faict aussy Aaron LE THOILLER, dict DE GUILLEBON, frère puisné dudict Claude, n'aians faict acte desrogeant aux previllèges de noblesse, tousjours porté les armes comme leurs prédécesseurs pour le service des rois de France, estans bien montez et en bonne esquipaige d'homme d'armes, ce qu'il scait pour avoir esté avec eulx gens d'armes de la compagnie du feu duc de Joieuse jusques à la bataille de Coustrax ou feust tué ledict seigneur de Joieuse, et auparavant au premier sciège de la Fère en la compagnie dudict seigneur de Joieuse, lors appellé Monsieur d'Arque, et depuis aux secours du sciège de Dourlens, ledict Claude commandant en charge d'enseigne soubz le feu seigneur de Sesseval ou il feust porté par terre et percé au travers des deux cuisses d'un coup de lance, ung aultre coup à la teste et ung au corps, à l'occasion de quoy il fut mené et conduict en la ville d'Amiens par ung nommé Hemel, soldact de ladicte compagnie, pour estre pensé desdictes blesures ou il fut environ deux mois, et depuis fut aussy au sciège d'Amiens, soubz le commandement de Monseigneur le conte de Sainct Pol, jusques à la réduction d'icelle. Se souvient aussy que ledict Anthoine LE THOILLER, père desdictz Claude et Aaron, estant gens d'armes de la compagnie du feu seigneur de Piennes, comme estoict aussy le père du depposant, feust tué à la bataille de Dreux pour le service du Roy, et avoient tousjours aussy entretenu le train de noblesse sans jamais y avoir desrogé. Et est ce qu'il a dict.

Taxé audict seigneur depposant quy a signé sa depposition au minut de ces présentes, I livre.

A. LEMAIRE.   DU BUS.   LEBLANC.

(*En marge*) Au juge ung escu seize soulz ; a l'adjoinct quarante solz ; au greffier, pour ces présentes, y compris le parisis et droict de commis, deux escus trente solz.

(*Archives du château de Beauvoir*, n° 8. — Orig. papier.)

Pardevant Symon Honoré, notaire et tabellion juré au baillage du duché et pairie de Hallwin, en la présence de tesmoings cy aprez nommez, fut présente haulte et puissante dame Anne Chabot, duchesse, dame douairière de Hallwin, estant en son chasteau et lieu seigneurial dudict Hallwin, paroisse de saincte Magdeleine, laquelle a dict juré, affermé et attesté pour vérité qu'elle a bonne congnoissance des maisons et seigneurs d'Angiviller et Blancz fossez, frères, lesquelz ladicte dame comparante a tousjours tenu et réputé pour gentilzhommes, pour les avoir veu noblement vivre et telz estoient et ont tousjours esté tenuz et réputez partout, laquelle avoit par plusieurs fois entendu dire au feu messire Charles de Hallwin, vivant duc et pair de France, son mary, lequel, durant son mariage et de ladicte dame comparante, avoit nourry en sa maison paige le seigneur d'Angiviller, dernier déceddé, comme le seigneur du Blanc Fossez, estant homme d'arme en la compagnie dudict seigneur le duc, avoit esté tué pour le service de sa Majesté à la bataille de Dreux ; duquel seigneur de Blanz Fossez sont yssus Claude et Aaron Le Thoiller, escuiers, ses filz, que ladicte dame a aussy tousjours congneu vivre noblement, suyvant la trace et sentiers de leurdict père et de leurs ayeuls, quoy qu'il en soict, n'a ladicte dame jamais tenu lesdictz de Blanc Fossé père et filz, tenu en aultre reputation que pour gentilzhommes, noblement, vertueusement vivans entre le pœuple, ce qu'elle a affirmé véritable.

En la présence de Théodose de Monssure, escuier, Guillaume de Moy, demeurant audict Hallwin, avant midy, el vingt sixiesme jour de febvrier mil V^c quatre vingtz dix nœuf.

S. Anne Chabot.

Honoré.

Monsure.

Guillaume de Mouy.

(*Archives du château de Beauvoir*, n° 9. — Original papier.)

II

CONTRAT D'INGRESSION DE MADELEINE DE GUILLEBON

AU COUVENT DES RELIGIEUSES DE SAINT FRANÇOIS, DE MONTDIDIER

DU 3 DÉCEMBRE 1640.

A tous ceux qui ces présentes lettres verront François Coquille, conseiller du roy nostre Sire, maison et couronne de France et de ses finances et garde du scel roial estably en la ville, gouvernement et prévosté de Mondidier, salut. Scavoir faisons que pardevant Lugle Bauchy et Albert Marchant, nottaires roiaux audict Mondidier, furent présens DE GUILLEBON, escuier, sieur de Beaurevoir, et damoiselle Rénée de Villechole, sa femme, de luy auctorisée quant à ce, laquelle auctorité elle a eue pour agréable, demeurant audict Beaurevoir, et damoiselle Magdeleine de GUILLEBON, leur fille, aagée de treize ans ou environ, selon qu'ils ont dict, lesquels ont recongnus pour parvenir à l'ingression que ladicte Magdeleine DE GUILLEBON désir faire au couvent des filles de S¹-François de ceste ville de Mondidier pour ly faire profession et servir au service de Dieu avecq les autres relligieuses dudict couvent, avoir prié et requis les vénérables mère, supérieure, relligieuses du Couvent de S¹-François dudict Mondidier, de la recepvoir. Pourquoy elles s'estoient assemblées, au son du timbre, au grand grille et parloir dudict couvent ; entre lesquelles sont comparues : Sœure Louise de Fontaine, dicte de S¹-Anthoine, mère supérieure, Sœure Marie Boullet, dicte de l'Asomption, mère vicaire, Sœure Eslaine DE GUILLEBON, dicte de S¹-Denis, mère discreste, Sœure Elizabeth de Forceville, dicte de la Visitation, mère dépositaire, Anthoine Sauvage, dicte du S¹-Esprit, mère portière, Catherine Gérault, dicte de S¹-Bernardin, mère maistresse, Jehanne Breton, dicte de S¹-André, Anne de Haizecourt, dicte de S¹-Dominicque, Louise Fauvel, dicte de la Transfiguration, Marie Caveroy, dicte de la Nativité, Margueritte Breton, dicte de S¹-Joseph, Elizabeth Dufour, dicte de S¹-François, Marie Cavé, dicte de la Purification, Charlotte de Fontaine, dicte de l'Annonciation, Charlotte DE GUILLEBON, dicte de la Croix, Catherine Desmars, dicte de S¹-Louis, Anne Cocquerel, dicte de S¹-(Jean) Evangéliste, Elizabeth Gérard, dicte de S¹-Gérard, et Jacqueline Anthoinette Lescuier, dicte de S¹ᵉ-Anne, a ce présentes : lesquelles capitulairement assemblées, et de l'auctorité de Mʳᵉ Herculet de S¹-Fussien, substitut du procureur du Roy en l'eslection de Mondidier, leur sindic a ce présent et ce acceptant ladicte Magdeleine DE GUILLEBON, pour entrer audict couvent et y tenir place et faire nombre des relligieuses dudict couvent, sy Dieu le permet, après l'an de probation, et qu'elle soict acceptée par le révérend Père Provincial dudict couvent : pour à quoy parvenir...... *les parents ont promis de donner 1800 livres tournois, savoir 300 livres dans un an, 600 au jour de la profession et le surplus, soit 900 livres, en une rente de 50 livres tournois. Ont promis de payer en plus, jusqu'au jour d'ingression, 100 livres par an pour l'habillement, l'aménagement, etc.*

Passé à Mondidier après midi « au grisle » dudict couvent, le troisiesme jour de décembre mil six cent quarante et ont les dictes relligieuses et partie signé avecq lesdis nottaires au minut des présentes.

En marge est la quittance donnée par la communauté, le 29 janv. 1643, de la somme de 600 livres, promises par le contrat ci-dessus au jour de l'ingression.

(*Archives du château de Beauvoir.* — Original parchemin ; pièce non cotée).

III

14 AOUT 1702.

PREUVES DE LA NOBLESSE

De demoiselle MARIE-LOUISE DE GUILLEBON, présentée pour être reçue dans la Communauté des filles Demoiselles de la Maison de St-Louis, fondée par le Roi, à Saint-Cir, dans le parc de Versailles.

DE GUILLEBON, *Beauvoisis : d'azur à une bande d'or acccompagnée de trois besans de même, posés deux en chef et un en pointe.*

Extrait du Registre des Batemes de la paroisse de Wavégnies, au diocèze de Beauvais, portant que MARIE LOUISE, fille de LOUIS DE GUILLEBON, écuyer, seigneur de Wavegnies, et d'Angélique de Maurei, sa femme, naquit le 7, et fut batisée le 9 de septembre de l'an 1690. Cet extrait délivré le 4ᵉ de décembre de l'an 1701, signé de Watigni, curé de l'église de Wavegnies, et légalisé.

Iᵉʳ DEGRÉ : PÈRE ET MÈRE.

Contract de mariage de Mʳᵉ LOUIS DE GUILLEBON, chevalier, seigneur de Wavégnies, accordé, le 10 de février de l'an 1684, avec Dᵉˡˡᵉ ANGÉLIQUE DE MAUREI *(d'azur à trois bourdons d'argent, posés en pal, deux et un),* fille de Mʳᵉ Charles de Maurei, chevalier, seigneur de Ligneris, et de Dame Anne Marie Collesson, sa veuve. Ce contract reçu par Michault, notaire au lieu de Sᵗ-Just, Prévôté de Montdidier.

Jugement rendu, à Amiens, le 27 de mars de l'an 1700, par M. Bignon, Intendant en Picardie, par lequel il maintient LOUIS DE GUILLEBON, Sʳ de Wavégnies, dans la possession de sa noblesse, qu'il avoit justifiée depuis l'an 1555. Cet acte signé Bignon.

Lettres de bénéfice d'âge, accordées par le Roi, le 21 de juillet de l'an 1663, à LOUIS DE GUILLEBON, écuyer, Sʳ de Bétencour, fils d'Antoine DE GUILLEBON, écuyer, et de Dᵉˡˡᵉ Marguerite de Hombliére, sa veuve. Ces lettres signées par le Conseil Baron et scellées.

IIe Degré : Ayeul et Ayeule.

Contract de mariage d'Antoine de GUILLEBON, écuyer, Sr de Bétencour, accordé, le 18 de septembre de l'an 1639, avec D^{elle} Marguerite de HOMBLIÉRES *(d'azur à une croix d'or cantonnée de douze croisettes recroisettées de même, posées deux et une à chaque canton)*, fille de Mre François de Hombliéres, chevalier, seigneur de Malvoisine et de Wavégnies, et de dame Edmée de Monceaux, sa femme. Ce contract reçu par Le Fèvre, notaire à Bules, ressort de Clermont en Beauvoisis.

Partage des successions d'Aaron de GUILLEBON, écuyer, Sr de Blancfossé, et de D^{elle} Marie du Puis, sa femme, fait le 19e de mai de l'an 1633, entre Antoine de Guillebon, leur fils aîné, écuyer, Sr de Bétencour, et les dames de Maugeoi et de Bouqueval, ses sœurs. Cet acte reçu par Havi, notaire au lieu de Lieuviler en Beauvoisis.

IIIe Degré : Bisayeul et Bisayeule.

Contract de mariage d'Aaron Le TOILLIER, écuyer, seigneur de Blancfossé, fils d'Antoine Le Toillier et de D^{elle} Marie aux Couteaux, sa femme, accordé, le 1er de mai de l'an 1582, avec D^{elle} Marie du PUIS *(d'azur à deux épées d'argent passées en sautoir et accompagnées de trois molettes posées une en chef et deux aux flancs, et, en pointe, d'un croissant, le tout d'argent)*, fille de Gaspard du Puis, écuyer, et de Marguerite de Randon, sa femme. Ce contract reçu par Fontaine, notaire à Clermont en Beauvoisis.

Sentence rendue au Bailliage de Clermont, le 8 d'avril de l'an 1611, sur les diférends que Claude de GUILLEBON, dit Le TOILLIER, avoit contre D^{elle} Marie du Puis, veuve d'Aaron de GUILLEBON, dit Le TOILLIER, écuyer, seigneur de Blancfossé. Cet acte signé Gayant.

Quittance donnée le 9 de juin de l'an 1598, à noble homme Aaron Le Toillier, dit de Guillebon, écuyer, seigneur de Blancfossé, par D^{elle} Jeanne de Garges, veuve de Sébastien de Guillebon, écuyer, seigneur d'Angivilier. Cet acte reçu par Villet, notaire à Beauvais.

IVe Degré : Trisayeul et Trisayeule.

Partage des successions de Jaques aux Couteaux, et de D^{elle} Françoise Sacquespée, sa femme, le 7 de février de l'an 1560, entre François, Pierre et Nicolas aux Couteaux, leurs enfans, et D^{elle} Marie Aux COUTEAUX *(d'azur à cinq couteaux d'argent, posés en pal, quatre et un)*, leur sœur, femme d'Antoine Le TOILLIER, écuyer, seigneur de Beauvoir. Cet acte reçu par Macaire, notaire à Beauvais.

Partage des biens d'Antoine Le TOILLIER, écuyer, seigneur de Blancfossé, et de D^elle Jeanne Tristan, sa femme, fait, le 28 de juillet de l'an 1555, entre Antoine Le Toillier, écuyer, seigneur de Beauvoir, et D^elles Marguerite, Jeanne et Marie Le Toillier, leurs enfans. Cet acte reçu par Havi, notaire au lieu de St-Just, Prévôté de Montdidier.

Nous Charles d'Hozier, Conseiller du Roi, généalogiste de sa Maison, juge général des Armes et des Blazons, et Garde de l'Armorial général de France, et Chevalier de la Religion et des Ordres militaires de St-Maurice et de St-Lazare de Savoie ;

Certifions au Roi que D^elle Marie Louise de GUILLEBON a la noblesse nécessaire pour être reçue dans la Communauté des filles Demoiselles, que Sa Majesté fait élever dans la Maison Royale de St-Louis, fondée à St-Cir, dans le parc de Versailles, comme il est justifié par les actes qui sont énoncés dans cette Preuve, laquelle nous avons vérifiée et dressée, à Paris, le quatorzième jour du mois d'août de l'an mile sept cent deux. Signé D'Hozier.

Vu et vérifié :

D'Hozier.

(Bibliothèque nationale. Cabinet des Titres. Volumes reliés, tome 297. *Preuves de Saint-Cyr,* n° 59.)

IV

27 janvier 1708.

PREUVES DE LA NOBLESSE

De demoiselle Anne Barbe de GUILLEBON-WAVÉGNIES, présentée pour être reçue dans la Communauté des Filles Demoiselles de la Maison de St-Louis, fondée par le Roi à St-Cir, dans le parc de Versailles.

De Guillebon-Wavégnies, *Beauvoisis : d'azur à la bande d'or accompagnée de trois besans de mesme, posés deux en chef et un en pointe.*

Extrait du Registre des batêmes de la paroisse de St-Simon, St-Jude de Wavégnies, au diocèze de Beauvais, portant que Anne Barbe, fille d'Antoine de Guillebon, écuyer, seigneur de Wavégnies, et de D^elle Marguerite Marchand, sa femme, naquit le 17 et fut batisée le 20 de septembre de l'an 1700. Cet extrait délivré le 31 de décembre de l'an 1707. Signé de Watigni, curé de l'église de Wavégnies, et légalisé.

Ier Degré : Père et Mère.

Contract de mariage d'Antoine DE GUILLEBON, écuyer, seigneur de Wavégnies, fils de Mre Louis DE GUILLEBON, écuyer, seigneur d'Herli et de Gicourt, et de dame Marie Pingré, sa femme, accordé avec dame MARGUERITE MARCHAND, le 2e de mars de l'an 1699. Ce contract passé devant L'Evesque, notaire au Châtelet de Paris.

Extrait du rôle des tailles de la paroisse de Wavignies, Election de Clermont en Beauvoisis et Généralité de Soissons, portant que Louis DE GUILLEBON, écuyer, et Antoine DE GUILLEBON, son fils, écuyer, seigneur de Wavignies, sont compris comme nobles et exempts, sur le Rôle des Tailles de cette paroisse, depuis l'an 1677. Cet extrait délivré le 14e de janvier de la présente année 1708. Signé et légalisé.

IIe Degré : Ayeul et Ayeule.

Contract de mariage de Mre Louis DE GUILLEBON, chevalier, seigneur de Wavégnies, d'Argi, de Gicourt et de Sauvillé, fils de Mre Antoine DE GUILLEBON, chevalier, seigneur de Bétencourt, et de dame Marguerite de Hombliéres, sa veuve, accordé, le 2e de décembre de l'an 1673, avec D^{elle} MARIE PINGRÉ *(d'argent à un pin de sinople, fruité de gueules, et surmonté d'une grive de sable)*, fille de Philippe Pingré, écuyer, seigneur du Chaussoi, de Marceaux et de Frèneville, et de D^{elle} Françoise Scorjon. Ce contract passé devant Rouvroi, notaire à Montdidier.

Jugement rendu à Amiens, le 22e de mars de l'an 1700, par M. Bignon, maître des Requêtes et Intendant en Picardie, par lequel il maintient Louis DE GUILLEBON dans la possession de sa qualité de noble et d'écuyer qu'il avoit justifiée depuis l'an 1555. Cet acte signé : Bignon.

IIIe et IVe Degrés comme les IIe et IIIe Degrés des Preuves de Marie-Louise DE GUILLEBON ; au IIIe Degré, la quittance du 9 juin 1598 a été remplacée par le partage des successions de Jacques aux Couteaux et de Françoise Sacquespée, du 7 février 1560 (IVe Degré).

Nous CHARLES D'HOZIER, Conseiller du Roi, généalogiste de sa Maison, juge général des Armes et des Blazons, et garde de l'Armorial général de France, et chevalier de la Religion et des Ordres militaires de St Maurice et de St Lazare de Savoie.

CERTIFIONS au Roi que D^{elle} ANNE BARBE DE GUILLEBON-WAVÉGNIES a la noblesse nécessaire pour être reçue dans la Communauté des Filles Demoiselles que Sa Majesté fait élever dans la Maison Royale de St-Louis, fondé à St-Cir dans le parc de Versailles, comme il est justifié par les actes qui sont énoncés dans cette preuve, laquelle nous avons vérifiée et dressée, à Paris, le vendredi, vingt septième jour de janvier de l'an Mil sept cent huit. Signé D'HOZIER.

(Bibliothèque nationale. Cabinet des Titres. Volumes reliés, tome 298. Preuves de Noblesse des Demoiselles de St-Cir, n° 84.)

V

21 OCTOBRE 1767.

PROCÈS-VERBAL DES PREUVES DE LA NOBLESSE

De Louis François DE GUILLEBON, agréé par le Roi pour être admis au nombre des Gentilshommes que Sa Majesté fait élever dans l'Hôtel de l'École royale militaire.

Blason colorié avec casque et lambrequins ; au-dessous, description des armoiries.

Ier DEGRÉ : PRODUISANT.

Extrait des Registres des Batêmes de la paroisse de St-Léonard de Ménéviller, diocèze de Beauvais, Election de Mondidier, Généralité d'Amiens, portant que LOUIS-FRANÇOIS, fils du légitime mariage de Joseph DE GUILBON, chevalier, seigneur des Ligneris et autres lieux, et de Dame Marie-Catherine du Mesnil, dame de Vaux, naquit le cinq de septembre, mil sept cent cinquante six, fut ondoyé le même jour, et reçut le supplément des cérémonies du batême, le vingt trois du même mois. Cet extrait délivré par le Sr Leplus, prieur curé de Ménéviller, le sept d'avril, mil sept cent soixante six, fut légalisé le lendemain par Claude-Antoine-Charles Le Caron de Beauménil, lieutenant criminel au Baillage de Mondidier.

IIe DEGRÉ : PÈRE.

Contrat de mariage de Messire JOSEPH DE GUILBON, chevalier, fils puîné de Messire Réné François DE GUILBON, chevalier, seigneur de Ligneries et du fief St-Marc, et de défunte Marie Anne Josèphe de Louvel, demeurant au village de Ménesviller, accordé, le six de may mil sept cent cinquante cinq, avec Dem^{elle} MARIE CATHERINE DU MESNIL, dame de Vaux, fille aînée de défunts Messire Louis-François du Mesnil, chevalier, seigneur de Vaux, et de Dame Marie DE GUILBON DE WAVIGNY. Ce contrat, passé à Mondidier, devant du Flos, notaire du Roi en la dite ville de Mondidier.

Extrait des Registres des Batêmes de la paroisse de St-Léonard de Ménévillé, diocèze de Beauvais, Election de Mondidier, portant que Joseph, fils du légitime mariage de Réné François DE GUILBON, chevalier, seigneur de Wavigny et autres lieux, et de Dame Marie Anne Josèphe Louvel, naquit le douze de février mil sept cent trente et un, et fut batisé le lendemain. Cet extrait délivré par le Sr Leplus, prieur curé de Ménévillé, le dix neuf de décembre mil sept cent soixante deux, fut légalisé le surlendemain par Louis Joseph de Bertin, chevalier, seigneur d'Inneville, président lieutenant général au Baillage de Mondidier.

IIIe DEGRÉ : AYEUL.

Contrat de mariage de Mre RÉNÉ FRANÇOIS DE GUILBON, chevalier, seigneur de Wavignie, d'Ansauviller-en-Chaussée, en partie, du fief de St-Mars, situé à Ménévillé, et autres lieux, demeurant audit Ménévillé, fils de défunt Mre Louis DE GUILBON, chevalier, seigneur de Wavignie, d'Ansauviller en partie et du dit fief de St-Mars, et de Dame Angélique de Mauray, accordé, le vingt six de février mil sept cent vingt neuf, avec Demoiselle MARIE ANNE JOSÈPHE LOUVEL, fille de Messire Charles Louvel, chevalier, seigneur de Brettencourt et autres lieux, et de Dame Anne Le Febvre, son épouse, demeurant à Ganne. Ce contrat passé à Ménévillé, devant de Flers, notaire au Baillage de Mondidier, résidant audit village de Ganne.

Extrait des Registres de batêmes de l'église paroissiale des Sts Simon et Jude de Wavignies, diocèze de Beauvais, Election de Clermont, Généralité de Soissons, portant que RÉNÉ FRANÇOIS, fils de Messire Louis DE GUILBON, chevalier, seigneur de Wavignies et d'Ansauviller en partie, et de Dame Angélique de Mauray, son épouse, naquit le quatorze de mars et reçut le supplément des cérémonies du batême, le six d'avril, mil six cent quatre vingt neuf. Cet extrait délivré par le sieur Morel, curé de Wavignies, le neuf d'avril mil sept cent soixante six, fut légalisé le lendemain par François Pierre Chardon, Président lieutenant général, civil et criminel au Baillage et Comté de Clermont en Beauvoisis.

IVe DEGRÉ : BISAYEUL.

Contrat de mariage de Messire LOUIS DE GUILLEBON, chevalier, seigneur de la terre et seigneurie de Wavignie et autres lieux, demeurant en sa maison et lieu seigneurial de Wavignie, accordé, le dix de février mil six cent quatre vingt quatre, avec

D^{elle} Angélique de MORRAY, fille de défunt Messire Charles de Morray, chevalier, seigneur de Lignery et autres lieux, et de Dame Anne Marie de Collesson, sa veuve, demeurant en sa maison de Ménesviller. Ce contrat, dans lequel il est fait mention de Dame Marie Pingrez, première femme dudit seigneur de Wavignie, fut passé à Ménesviller, devant Antoine Michault, notaire au Baillage de Mondidier, résident à St-Just, et est produit par expédition délivrée (vers 172...) sur la minute, par autre Antoine Michault, notaire royal audit St-Just, au Gouvernement de Mondidier, comme ayant acquis la charge et pratique dudit Michault, alors décédé.

Jugement rendu à Amiens, le vingt sept de mars mil sept cent par Mr Bignon, Intendant en Picardie, par lequel il maintient Louis DE GUILLEBON, seigneur de Wavigny, qui avoit épousé Angélique de Morray, fils aîné de défunt Antoine DE GUILLEBON, chevalier, seigneur de Bétencourt, et de Dame Marguerite de Hombliéres, ensemble ses enfants et postérité, nés et à naître en légitime mariage, en la possession de prendre la qualité de Noble et d'Ecuyer, et ordonne qu'ils jouiront des privilèges, honneurs et exemptions dont jouissent les Gentilshommes de ce Royaume, à l'effet de quoy, ledit Louis DE GUILLEBON sera inscrit dans le catalogue des Gentilshommes de la Généralité d'Amiens. Ce jugement signé : Bignon.

Nous Antoine Marie d'Hozier de Sérigny, chevalier, juge d'armes de la Noblesse de France, et en cette qualité Commissaire du Roy, pour certifier à Sa Majesté la noblesse des Élèves de l'École Royale Militaire et du Collège Royal de la Flèche, Chevalier, Grand-Croix honoraire de l'Ordre Royal de St-Maurice de Sardaigne.

Certifions au Roi que Louis François de GUILLEBON a la noblesse nécessaire pour être admis au nombre des Gentilshommes que Sa Majesté fait élever dans l'Hôtel de l'École Royale Militaire, ainsi qu'il est justifié par les actes énoncés et visés dans ce Procès-Verbal que nous avons dressé et signé, à Paris, le vingt et unième jour du mois d'octobre de l'an mil sept cent soixante sept.

d'Hozier de Sérigny.

(Bibliothèque nationale. Cabinet des Titres, tome 246. *Preuves de la noblesse des Élèves des Écoles Militaires,* tome XII, preuve 21. La minute se trouve dans le *Nouveau* d'Hozier, dossier 3862 : GUILLEBON, f°s 6 et 7.)

VI

7 JUILLET 1770.

PREUVES DE LA NOBLESSE

De demoiselle MARIE-ANTOINETTE-VICTOIRE DE GUILLEBON, agréée par le Roy
pour être admise au nombre des demoiselles que Sa Majesté fait élever dans la
Maison Royalle de St-Louis, à St-Cyr.

Ier DEGRÉ : PRODUISANTE.

Extrait des Registres des Batêmes de la paroisse de Vaux sous Mondidier, diocèze
d'Amiens, portant que MARIE ANTOINETTE VICTOIRE, fille légitime de Mre Joseph DE
GUILLEBON, chevalier, seigneur des Ligneris et de Vaux en partie, et de dame Marie
Catherine du Maisnil, naquit le 2 juin 1759, et fut batisée le 4 desdits mois et an. Cet
extrait délivré le 17 X^{bre} 1762, par le Sr Roussel, curé de Vaux, et légalisé.

---

*Pour les IIe, IIIe et IVe Degrés, les pièces produites sont les mêmes que celles fournies
pour les preuves de Louis-François DE GUILLEBON (Appendice, n° V) ; on donne en plus au*

IV^a DEGRÉ : BISAYEUL.

Contrat du 1re mariage de Mre LOUIS DE GUILLEBON, chevalier, seigneur de Bétencourt, Wavignye, etc., fils aîné de défunt Mre Antoine DE GUILLEBON, chevalier,
seigneur de Bétencourt, et de dame Marguerite de Homblier, sa veuve, accordé, le 2
X^{bre} 1673, avec D^{elle} MARIE PINGRÉ. Ce contrat passé devant Pierre Rouvroy, notaire royal à Mondidier, et délivré le 29 janvier 1719 par Charles de Rouvroy, notaire
royal à Mondidier, sur la minutte comme ayant succédé à l'office dudit Pierre Rouvroy, son père.

Ve DEGRÉ : TRISAYEUL.

Contrat de mariage d'ANTOINE DE GUILLEBON, écuyer, seigneur de Béthencourt,
assisté de Claude DE GUILLEBON, son frère, écuyer, seigneur de Blancfossé, et de Jean
DE GUILLEBON, écuyer, seigneur de Beauvoir, son cousin germain, accordé, le 18 7bre
1639, avec D^{elle} MARGUERITTE DE HOMBLIÉRES, fille de Mre François de Hombliéres, seigneur de Wavignie, d'Ansauviller, etc., et de défunte Aimée de Monceaux.

Ce contrat passé devant Laurent Le Febvre, notaire royal en la ville de Bulles en Beauvoisis.

Partage fait le 19 may 1633, entre Antoine DE GUILLEBON, écuyer, s^r de Bestencourt, et Me Nicolas Tristan, lieutenant général à Beauvais, des terres à eux appartenantes par indivis au territoire d'Angiviller, savoir audit Sr de Bestencourt, par la succession de feu Aaron DE GUILLEBON, écuyer, s^r de Blancqfossé, et D^elle Marie du Puis, ses père et mère. Cet acte passé devant Edme Havy, notaire royal au Bailliage de Clermont en Beauvoisis, résidant à Lieuviller.

Sentence rendue, le 28 avril 1611, au Bailliage de Clermont en Beauvoisis, entre Claude GUILLEBON, dit LE THOILLIER, écuyer, seigneur de Blanqfossé, et D^elle Marie du Puis, veuve d'Aaron DE GUILLEBON, dit LE THOILLIER, écuyer, seigneur de Blanfossé, tant en son nom que comme ayant la garde noble des enfans dudit deffunt et d'elle. Cette sentence signée Garunt.

NOUS DENIS LOUIS D'HOZIER, conseiller du Roy en ses Conseils, président en sa Cour des Comptes, Aydes et Finances de Normandie, et juge de la Noblesse de France.

CERTIFIONS au ROY que D^elle MARIE ANTOINETTE VICTOIRE DE GUILLEBON a la noblesse nécessaire pour être admise au nombre des D^elles que Sa Majesté fait élever dans la Maison Royalle de St-Louis, à St-Cyr, ainsi qu'il est justifié par les actes énoncés en cette preuve. En foy de quoy nous avons signé à Paris, ce sept juillet mil sept cent soixante dix

D'HOZIER.

(Bibliothèque nationale. Cabinet des Titres. Nouveau D'HOZIER, *dossier 3862 :* GUIL-LEBON, f°s 8 et 9.)

VII

LETTRES PATENTES

Données à Versailles, au mois de juin 1704, confirmatives de la noblesse
de JEAN GABRIEL DE GUILLEBON.

Louis, par la grâce de Dieu, roi de France et de Navarre, à tous présents et à venir. Salut.

Comme l'une des principales attentions des souverains doit être de récompenser la vertu et qu'elle ne peut l'être plus dignement, dans les personnes en qui elle se trouve, que par les marques d'honneur qui les distinguent du commun et qui passent à leur postérité, nous avons toujours pris soin, à l'exemple des rois nos prédécesseurs, d'élever au degré de noblesse ceux particulièrement qui, ayant embrassé la profession des armes, ont généreusement exposé leur vie pour la défense et la gloire de cet état, et si ce motif nous a souvent portés à dispenser cette grâce à des sujets qui n'avoient que la seule recommandation de leurs services personnels, à plus forte raison, nous trouvons-nous obligés à maintenir dans leur noblesse ceux à qui les services de leurs ancestres l'ont légitimement acquise lorsque, marchant sur leurs traces, ils se sont pareillement signalés par les services qu'ils nous ont rendus dans la guerre et, d'autant que nous sommes bien informés, que JEAN GABRIEL DE GUILLEBON, ci devant capitaine en notre régiment royal de cavalerie, nous a servi, sans discontinuation, depuis 1672 jusqu'à présent, tant en la dite qualité qu'en celle de cornette et lieutenant de cavalerie, s'étant trouvé en plusieurs sièges et batailles, où il s'est distingué par un grand nombre d'actions de valeur ; surtout aux sièges de Vezel et de Reetz, où il eut un cheval tué sous lui d'un coup de canon ; au passage du Rhin ; aux sièges de Schinck et de Nimègue, en 1672 ; à la bataille de Zinzem, où il eut un cheval tué sous lui et un coup de mousquet dans le corps ; au combat de St-François et à celui de Turquem, en 1674 ; au passage du Vezer, en 1679 ; aux sièges de Philisbourg, Midelberg, Manheim et autres actions de la campagne du Palatinat, en 1688, pendant laquelle ledit sieur GUILLEBON ayant été envoyé à Freydénisrat, avec cinquante chevaux et quarante grenadiers, il battit et mit en déroute huit cens hommes, sur les hauteurs de Knibis ; au siège de Namur, en 1692 ; à la bataille de Steinkerque, en 1693 ; à celle de Nerwinde et au siège de Charleroy, en 1694; au siège de Dixmude et au bombardement de Bruxelles, en 1696 ; au combat sous Nimègue, en 1702, et, l'année dernière, au siège de Tongres, qu'il a eu deux frères tués à notre service ; qu'enfin il est issu d'ancestres reconnus pour gentilshommes de temps immémorial, mais que les papiers de sa famille ayant été perdus et dissipés pendant qu'il étoit à la guerre, il ne peut prouver sa filiation par autant de titres qu'on pourroit à la rigueur lui en demander : à quoi désirans pourvoir et marquer au dit sieur DE GUILLEBON la satisfaction particulière qui nous reste de ses services, SAVOIR FAISONS que pour ces causes et autres à ce nous mouvans, de notre grâce spéciale, pleine puissance et authorité royale, nous avons maintenu et confirmé, maintenons et confirmons par ces présentes, signées de notre main, le dit JEAN GABRIEL GUILLEBON, avec ses enfants et sa postérité, mâles et femelles, nés et à naître en légitime mariage, dans la possession de l'ancienne noblesse de sa famille sans qu'il soit tenu d'en raporter les titres dont nous l'avons dispensé et dispensons, attendu qu'elle nous est suffisamment connue, et, en tant que besoin est ou seroit, avons de nouveau le dit sieur DE GUILLEBON et sa postérité annobli et annoblissons voulons et nous plaist que comme noble de race et d'ancienne extraction, il soit reconnu partout en cette qualité, et jouisse à ce titre de tous les honneurs, rangs, privilèges, exemptions, prérogatives et dignités attribués aux autres anciens gentilshommes de notre royaume ; qu'il puisse continuer de prendre la qualité d'écuyer, parvenir à tous degrés de chevalerie, tenir et posséder tous fiefs, terres, possessions et héritages nobles, en jouir et disposer noblement comme aussi lui avons permis et à ses dits enfans et postérité de porter leurs anciennes armoiries telles qu'elles seront cy blazonnées et réglées par le sieur d'Hozier, juge d'armes de ce royaume, icelles faire peindre, graver et empreindre à tels endroits de ses maisons, terres et seigneuries, que bon lui semblera, sans que pour raison de la présente confirmation le dit sieur GUILLEBON ni ses descendans soient tenus de nous payer ni à nos successeurs Rois, aucune finance ni indemnité ; dont à quelque somme qu'elle puisse monter lui avons fait et faisons don par ces présentes, à la charge toutefois de vivre noblement et sans déroger à la dite qualité. Si DONNONS en mandement à nos amés et féaux conseillers les gens tenans notre cour de Parlement, chambre des comptes et cour des aides à Paris, présidens, trésoriers généraux de France au bureau de nos finances établi à Moulins et tous autres nos justiciers et oficiers qu'il appartiendra, que ces présentes ils ayent à faire enregistrer et du contenu en icelles faire jouir et user le sieur GUILLEBON ensemble ses dits enfans, postérité et lignée masles et femelles, nés et à naître en légitime mariage, plainement, paisiblement et perpétuellement, cessans et faisans cesser tous troubles et empeschemens quelconques, non obstant tous édits, règlemens, ordonnances, arrets, lettres et autres choses à ce contraire, aux quels nous avons dérogé et dérogeons par ces présentes, pour ce regard seulement, et sans tirer à conséquence. *Car tel est notre plaisir.* Et afin que ce soit chose ferme et stable à toujours nous avons fait mettre notre scel à ces dites présentes.

Donné à Versailles, au mois de juin, l'an de grâce mil sept cent quatre et de notre règne le soixante et deuxième.

Signé : Louis.
Et contre signé : CHAMILLARD.

A la suite de cette pièce se trouvent les lettres d'enregistrement d'armoiries de D'HOZIER *données à Issy lès Paris, le 13 juin 1704.*

(Bibliothèque nationale. Cabinet des Titres. Pièces originales, tome 1444, dossier 32,699, pièces 9 et 10.)

VIII

NOTES HISTORIQUES

Sur quelques seigneuries et fiefs appartenant ou ayant apppartenu
à la famille DE GUILLEBON.

ANGIVILLERS, situé dans le canton de Saint-Just (Oise), rattaché, en 1790, au
canton de Léglantiers, dépendait, avant la Révolution, de l'élection de Clermont.

La paroisse, sous l'invocation de saint Martin et à la nomination du prieur de Breuil-
le-Sec, faisait partie du doyenné de Ressons-sur-Matz, de l'archidiaconé de Breteuil
et du diocèse de Beauvais.

L'église date du XVI° siècle ; le chœur et les chapelles sont voûtés. On y voyait autrefois une verrière armoriée aux armes de la famille de Guillebon. Les tombeaux de
Philippe et de François de Guillebon ont résisté aux injures du temps et des ré-
volutions.

La seigneurie relevait du comté de Clermont ; elle était chargée, par fondation d'une
dame du lieu, confirmée au mois d'août 1347 par Pierre, duc de Bourbon et comte de
Clermont, d'un past envers le clergé de Clermont, au jour de S' Arnoul. Au XIV° siècle,
elle semble avoir formé au moins deux fiefs principaux et bon nombre d'arrière-fiefs.
D'après des titres de l'abbaye de Froidmont et du prieuré de Saint-Leu d'Esserent,
les premiers seigneurs portaient le nom du village ; ils mentionnent : avant 1160, Eudes
d'Angivillers ; 1183-1297, Bernard, Eudes et Rogue d'Angivillers, ce dernier paraît
être le seigneur principal ; 1200, Jean Caudavène ; 1347-1352, Jean Batrel, écuyer ;
1373, Guillaume Le Bescot tenait de Clermont le fief Gaignelet ; Gilles d'Amerval
vend, le 8 octobre 1462, une partie de ce qu'il possède à Angivillers à Philippe Le
Thoillier, dit Guillebon, docteur en théologie, fils de Jean, qui tenait déjà un fief de la
seigneurie d'Angivillers. Les descendants de Philippe Le Thoillier, dit Guillebon,
neveu du précédent, ont été seigneurs d'Angivillers jusqu'au mariage, en 1602, de
Jeanne Le Thoillier avec Antoine de Corbie, écuyer, seigneur de Cueilly et de Jourgny.
Leur petite-fille, Denise de Corbie, dame d'Angivillers et de Thiverny, fut mariée, en
février 1655, à René de Bruc, marquis de Montplaisir, maréchal de camp, lieutenant
au gouvernement d'Arras, mort le 24 août 1689. Jeanne Rosalie de Bruc, leur fille,
porta Angivillers à Louis de Cœuret, marquis de Nesle, près l'Isle-Adam. Odette-
Thérèse de Cœuret épousa Charles César de Flahaut, marquis de la Billarderie, châtelain de Saint-Just-en-Chaussée, seigneur de Saint-Remy-en-l'Eaue, où il résidait, du
Quesnel-Aubri, la Gloriette, etc.

Plusieurs fiefs relevaient de la seigneurie d'Angivillers, entre autres les fiefs Saussoy et Douillez à Pronleroy, propriété du collège des Cholets, de Paris. Le 10 juin 1639, il en fut donné aveu à François de Corbie, écuyer, seigneur d'Angivillers, à Marie de Bordeuil, veuve de Charles de Corbie, écuyer, seigneur d'Angivillers, tutrice de ses enfants mineurs, et à Claude Le Thoillier, écuyer, seigneur de Blancfossé, à cause de leur seigneurie d'Angivillers et du fief de Béthencourt.

Les fiefs de BLANCFOSSÉ, de BÉTHENCOURT ou Haraville et de la MAIRIE D'ANGI-VILLERS, étaient sur ce territoire et appartinrent tous trois à des membres de la famille de Guillebon. — Le fief ou seigneurie de Blancfossé était dévolu aux cadets, et à ce titre pourrait être un démembrement de la seigneurie. — Celui de Béthencourt a peut-être également été distrait du fief de Blancfossé pour un puîné, devenu par mariage seigneur de Wavignies (1).

ANSAUVILLERS-EN-CHAUSSÉE (canton de Breteuil), dépendait presque entièrement de l'Élection de Clermont, Généralité de Soissons. La voie romaine d'Amiens à Pont-Sainte-Maxence, devenue la rue principale du bourg, en formait la limite. Les maisons à l'ouest de la route, — neuf en 1700, — étaient de la taille de Wavignies et ressortissaient à l'Élection de Montdidier, Généralité d'Amiens, comme appartenant au seigneur de Wavignies. On les appelait, du reste, Rang de Wavignies ou Vieil-Marché ; la Révolution les attribua à la commune voisine, mais elles furent restituées à Ansauvillers en 1823.

Le lundi se tenait dans cette commune un marché important pour le blé, la toile et la mercerie ; le vendredi était réservé à la vente des grains.

L'évêque de Beauvais nommait à la cure, qui appartenait au doyenné et à l'archidiaconé de Breteuil. Le Rang de Wavignies lui fut réuni en 1766.

L'église de Saint-Léger est une grande construction en briques avec soubassement en grès. Le chœur et le collatéral nord ont été reconstruits de 1668 à 1671 ; le clocher, élevé sur le portail, date de 1786 ; le reste de l'édifice est moderne et sans intérêt.

Il est question, pour la première fois, d'Ansauvillers dans une donation d'Adalhard à l'abbaye de Saint-Denis, de plusieurs localités du Vendeulois, en 761.

La seigneurie dont Pierre de Mouy est titulaire, en 1280, appartint à Arnauld de Corbie, premier président au Parlement de Paris et chancelier de France ; il la laissa en mourant, — 1415, — à Arnauld, son neveu, pannetier du roi Charles VI ; de là, elle passe en partie dans la famille de Homblières, dont l'héritière, Marie-Marguerite, épousa, en 1639, Antoine de Guillebon, écuyer, seigneur de Béthencourt.

(1) GRAVES, *Précis statistique sur le canton de Saint-Just*, p. 45. — Comte DE LUÇAY, *Le Comté de Clermont-en-Beauvoisis*, p. 261, 262. — Le Chanoine PIHAN, *Histoire de Saint-Just-en-Chaussée*, p. 229. — *Bibliothèque nationale, Collection* Dom GRENIER, tome 193, f° 14 r°. — *Archives du château de Beauvoir*, n° 14.

24

L'autre partie semble avoir appartenu, au xviie siècle, à Hardouin de l'Isle, marquis de Marivaux, lieutenant général des armées du Roi, mort en 1709, et sous Louis XV à M. Busquet de Caumont, d'une famille originaire de Normandie (1).

BACOUEL n'était d'abord qu'un hameau de Chepoix (canton de Breteuil, Oise) ; il a été depuis peu érigé en commune. Cette localité se compose de deux sections : l'une, sur le chemin de Breteuil, appelée rue des Mazures et rue Saint-Antoine ; l'autre, dite particulièrement Bacouel et plus considérable, située sur l'ancien chemin d'Amiens.

Une chapelle, reconstruite au xviie siècle et consacrée à S. Éloi, est le but d'un pèlerinage, le jour de la fête patronale ; on y amène les chevaux, auxquels on fait faire trois fois le tour de l'édifice.

Bacouel, avant 1789, ressortissait à la prévôté de Montdidier, du bailliage de Vermandois, et à l'élection de la même ville, intendance de Picardie.

La seigneurie relevait de la châtellenie de Catheu et de la seigneurie de Villers-Vicomte, par indivis. A la fin du xive siècle — 1377, — le châtelain de la Hérelle prenait le sixième du champart de toutes les terres et des cens ; il avait à Bacouel trois vassaux : Jean du Moustier, de Bacouel, un fief en terres, entre Bacouel et Tartigny, qui était en la main du seigneur, faute d'avoir rempli les devoirs féodaux ; Jean Mignes, de Bacouel, des terres derrière le manoir Trussart, de Bacouel ; et N. de la Viefville, tuteur de son fils aîné, un troisième fief.

Le fief de l'Abbaye était tenu de Breteuil.

Marguerite de Mont, fille et héritière de Colart et de Marie de Brelly, dame en partie de Bacouel et de Fléchy, sert, le 5 juin 1476, à Monseigneur de Beausault, à cause de sa terre de Breteuil, le dénombrement d'un fief à Bacouel et à Chepoix, dont relevaient deux autres, appartenant à Jean Garde et à Jean Mouret.

Au commencement du xviiie siècle, Mre de Gournay, marié à la veuve du sieur Sénéchal, d'Amiens, possède le fief de Sénéchal ; il lui rapporte 2,000 livres en dîmes, censives et champart. Trois autres fiefs appartiennent aux fils du sieur Sénéchal : l'un relève de la seigneurie de Fransures, un autre, appelé le Manoir, de la châtellenie de Catheu, et le dernier de la Salle du Roi, à Montdidier.

Antoine de Guillebon, chevalier, seigneur de Beauvoir, acquit, le 7 juin 1782, de Pierre Cavé d'Haudicourt, écuyer, seigneur de Tartigny, le fief du Quesnoy, à Bacouel et à Chepoix, mouvant de la seigneurie de Bacouel (2).

(1) GRAVES, *Précis statistique sur le canton de Breteuil*, page 37. — *Bibliothèque nationale, Collection* Dom GRENIER, tome 119, f° 255. — DE LA CHÉNAYE-DESBOIS, *Dictionnaire de la Noblesse*, 2e édition, tome X, colonne 969.

(2) GRAVES, *Précis statistique sur le canton de Breteuil*, page 67. — *Bibliothèque nationale, Collection de* Dom GRENIER, tome 198, f° 92 v°, et tome 118 *(Mss. de* DE LÉPERON), f° 52. — *Archives nationales*, P. 136, n° 111.

BAZENTIN, canton d'Albert (Somme), est formé de la réunion du Grand et du Petit Bazentin.

Dans le principe, les deux hameaux avaient une cure distincte, dépendant du doyenné d'Albert, compris dans l'archidiaconé et le diocèse d'Amiens. Celle de Bazentin-le-Grand était consacrée à l'Assomption et à la nomination d'abord de l'abbé de Corbie, puis de l'évêque. Après 1301, la paroisse de la Nativité de la sainte Vierge de Bazentin-le-Petit fut supprimée et réunie à celle de Bazentin-le-Grand, au titre de Secours. Le contraire a lieu aujourd'hui, depuis que Bazentin-le-Grand a perdu son importance.

L'église de Bazentin-le-Petit date de 1714 ; celle de Bazentin-le-Grand, reconstruite en 1775, fut démolie pendant la Révolution et remplacée par une chapelle fort simple, où l'on a transféré un pèlerinage de saint Maur, invoqué dans le pays pour la guérison des maux de tête.

Bazentin ressortissait à la Prévôté de Péronne, du Bailliage de Vermandois, et à l'Élection de la même ville, l'une de celles de l'Intendance de Picardie.

La seigneurie de Bazentin-le-Grand relevait du comté de Corbie. Le château, « le chastel », cité dans des titres de 1385 et de 1423, disparut avec la plus grande partie du village durant les guerres du XVIIᵉ siècle ; il fut relevé à Bazentin-le-Petit, qui, à son tour, était tenu du marquisat d'Albert, mouvant du Roi, à cause de son château de Péronne.

Les deux seigneuries eurent également des possesseurs différents. On trouve en effet, en 1340, à Bazentin-le-Petit : Aélis de Franqueville, mère et tutrice de Jean de Toutencourt. Après quoi, nous constatons une lacune jusqu'au milieu du XVIIᵉ siècle que l'héritière des Plonquin, Catherine, femme de Charles le Bel, écuyer, seigneur de Cressonville, épousa, en secondes noces, Jean de Guillebon, écuyer, seigneur de Vignolles (24 septembre 1663). Elle n'eut pas d'enfant et laissa, par donation entre vifs du 12 juin 1686, à son neveu Antoine de Guillebon, chevalier, seigneur de Beauvoir, ses droits de quart et de moitié sur la terre et seigneurie de Bazentin.

Les seigneurs de Bazentin-le-Grand sont mieux connus, citons : en 1296, Renaud, chevalier, sire de Bazentin. En 1385, Marie, dame du lieu, aurait épousé Raoul de Flavy. Une Jeanne de Flavy porta Bazentin à Jean, sire et ber d'Auxy, IVᵉ du nom, chevalier, seigneur de Fontaines, Famechon et Maiserolles, grand maître des arbalétriers de France (17 septembre 1447). Leur fille Isabeau, d'autres disent Catherine, était mariée, en 1477, à Philippe de Crèvecœur, chevalier, seigneur d'Esquerdes, maréchal et grand chambellan de France, mais elle n'eut point d'enfant et Bazentin revint à sa sœur Marie, femme, en 1490, de Jean de Bruges, seigneur de la Gruthuse, prince de Steenhuyse, maréchal de France. En 1512, Jacques II de Luxembourg, gouverneur de Flandre et d'Artois et grand veneur de Flandre, possédait Bazentin du chef de sa femme, Marguerite de Bruges. Françoise de Luxembourg, comtesse de Gavre, femme de Jean IV, comte d'Egmont, laissa Bazentin à Lamoral, comte d'Egmont, prince de

Gavre — 1559, — qui le céda, au mois de juin 1588, à Antoine de Halluin, seigneur d'Esclebec et bailli d'Amiens. François de Grambus, écuyer, seigneur d'Esclebec, tenait la seigneurie, dès le mois de septembre suivant ; il avait épousé Marie Louvel, qui la racheta, puisqu'en 1607 elle la possède avec son second mari, Charles de Rouvroy, écuyer, seigneur de la Lande. Louis Le Roux, écuyer, seigneur de la Sablonnière, s'était allié, en 1656, à Claude de Rouvroy, fille de Marie Louvel. Leur fils, Louis, était encore seigneur de Bazentin en 1671, mais le 7 mars 1689, Adrien Morel de Bécordel, conseiller au Bailliage d'Amiens, en fait le relief ; il venait de l'acquérir de Philippe Moitié. Jean-Baptiste Morel, fils d'Adrien, conclut, deux ans après — 1691, — un bail à cens qui donnait la seigneurie à Philippe de Monet Lamarck. En 1763, Charles François, comte d'Hervilly, l'acquit de Louis Philippe de Monet ; en 1773, le 12 mai, François Louis de Guillebon présenta le relief de la terre de Bazentin (1).

BEAUVOIR, canton de Breteuil (Oise).

L'église est une construction toute moderne bâtie sur les plans de M. Delefortrie ; celle qu'elle a remplacée semblerait remonter au XVIIe siècle, d'après la description qu'en a donnée M. Graves. Elle a toujours eu S. Denis pour patron et n'a jamais été qu'un secours de la paroisse de Vendeuil, du doyenné et de l'archidiaconé de Breteuil, au diocèse de Beauvais. Elle était desservie par un vicaire, auquel l'abbaye de Breteuil faisait un traitement de 150 livres. Le P. Barisel, natif de Beauvoir, avait rapporté de Rome des reliques de S.-Hubert, qu'on venait invoquer contre la rage.

Beauvoir appartenait, avant 1789, à la prévôté de Montdidier, ressortissant au Bailliage de Vermandois, et à l'Élection de la même ville, comprise dans l'Intendance de Picardie.

Le château, édifié en 1760 par Antoine de Guillebon, chevalier, seigneur de Beauvoir, Troussencourt, Évaussaux, etc., est un bâtiment long, fait de briques, avec cordons et encadrements de pierre, élevé d'un étage et dont les extrémités forment saillie. Il repose sur un de ces anciens souterrains-refuges, si communs en Picardie. Près du château actuel se voient encore les restes du manoir féodal primitif : motte considérable, entourée de fossés profonds, que la nature a recouverts d'arbrisseaux et de lierre.

La seigneurie était tenue, par moitié, des châtelains de Breteuil et de Bonneuil, vassaux du Roi, à cause de sa châtellenie de Montdidier.

Jean de Pisseleu, écuyer, le premier seigneur connu, avoue tenir de Breteuil, le 23 janvier 1384, « le mote du chastel de Beauvoir et les fossez d'entour » et de Bon-

---

(1) P. DE CAGNY, *Histoire de l'Arrondissement de Péronne*, tome I, page 345. — DE BELLEVAL, *Nobiliaire de Ponthieu et de Vimeu*, généalogie AUXY. — *Archives départementales de la Somme : Inventaire des titres de Corbie*, tome II, folio 55. — *Bibliothèque nationale, Collection de* Dom GRENIER, tome 194, folio 177.

neuil, des masures, vignes, terres labourables au « Biaucamp », à « le valee le dame », au « val Bertran », aux « Fresnières », et les bois de « le Mote, du Mont et de l'Estaux ». Charles Pingnies est son vassal pour une maison. Il y avait encore, à cette époque, d'autres fiefs à Beauvoir. Celui de Mahieu Goule relevait de Bonneuil ; Jean d'Esmelles rendait hommage pour un autre au seigneur de Fransures, feudataire de Bonneuil ; Jean Pigne en possédait un troisième pour lequel il devait, au seigneur d' « Évoceaux », un cheval de service.

Antoinette de Pisseleu, dame de Marseille, la dernière de sa maison, épousa, par contrat du 11 mars 1565, François de Rochechouart, écuyer, seigneur de la Brosse. Ils vendirent la terre et seigneurie de Beauvoir, le lundi 22 avril 1555, à Antoine Le Thoillier, seigneur de Blancfossé, demeurant à Angivillers, moyennant 4,000 livres tournois (environ 45,000 francs de notre monnaie). Depuis cette époque, Beauvoir n'est pas sorti des mains de la famille de Guillebon (1).

ESSERTEAUX, dont le nom rappelle les défrichements de bois opérés dans notre région aux xi⁰ et xii⁰ siècles, dépend aujourd'hui du canton de Conty, arrondissement d'Amiens. Avant 1789, il était de la prévôté de Beauvaisis, ressortissant au Bailliage d'Amiens, et de l'Élection d'Amiens.

La paroisse, du doyenné de Conty, de l'archidiaconé et du diocèse d'Amiens, avait pour patron S. Jacques-le-Majeur, et pour présentateur l'évêque.

En 1384, Jean de Beauval, écuyer, paraît comme seigneur d'Esserteaux, qu'il tenait de la châtellenie de Bonneuil, vassale de celle de Montdidier. La seigneurie comprenait un manoir, « la place là où le chastel souloit estre, » des terres labourables, 40 journaux de bois aux bois d'Esserteaux et d'Amont, avec part dans les revenus du four, du moulin à guède, etc.

Voici ses onze vassaux :

Jean de Béthencourt, dit Sarrazin, chevalier, à cause de Marie de Barnastre, sa femme ;

Jacob Le Mauguier ;

Regnault de Trye, chevalier, seigneur de Fontenay ;

Mahieu de Hédicourt, à cause de sa femme ;

Regnault d'Essarchiaux, dit Sandras, écuyer ;

Robert de Longueaue, qui possédait des fiefs à Esserteaux ;

Les héritiers de Jean de Hémeville, dit Louvet, écuyer ;

Regnault de Montgroisy, chevalier ;

(1) GRAVES, *Précis statistique sur le canton de Breteuil*, p. 39. — *Archives nationales*, P. 136, n° 124. — VILLERS DE ROUSSEVILLE, *Nobiliaire de Picardie*, généalogie GUILLEBON. — P. ANSELME, *Histoire généalogique et chronologique de la maison royale de France*, tome VIII, p. 745, 746. — *Bibliothèque nationale, Collection* Dom GRENIER, tome 118, f° 20. (Mss. DE LÉPERON.)

Colart de Tilloy, écuyer ;

Les hoirs Mahieu de Sarchiaulx, qui avaient des fiefs à Fléchies et à Esserteaux, tenus par indivis de Jean de Beauval et de Jean de Rubempré, dit Lancelot, chevalier, autre feudataire de Bonneuil, pour un fief à Esserteaux.

A la fin du xv° siècle, les de Beauval ont disparu, peut-être depuis longtemps, comme seigneurs d'Esserteaux. Les de Béry les ont remplacés, jusqu'au jour où le marquis de Béry d'Esserteaux vendit, au commencement de ce siècle, la terre et le château à M. Ernest de Guillebon (1).

ÉVAUSSAUX est un hameau de Beauvoir, situé au sud-ouest du village, sur l'ancienne route de Paris.

Payen de Mailly, chevalier, seigneur de l'Orsignol, tenait, en 1384, de la châtellenie de Bonneuil, sa terre de Vendeuil et le fief « des Vauchiaulx ».

Il compte cinq vassaux :

Eustache de Campremy ;

Raoul, sire de Marricourt ;

Warin de Vendeuil ;

Jean Pigne, pour un fief à Beauvoir ;

Pierre de Noyers, écuyer.

En 1700, Évaussaux appartenait à M. de Malinghem, frère du lieutenant général de Beauvais ; il habitait, dans une ferme, un petit château qu'on appelait le Pavillon (2).

FUMECHON, du canton de Saint-Just (Oise), ne forme, en réalité, avec Catillon qu'une seule agglomération. Les deux communes ont toujours été distinctes, bien qu'en 1303 Fumechon ne comptât que 166 habitants.

La cure, sous l'invocation de S. Lucien et à la nomination de l'abbé de Saint-Lucien de Beauvais, était du doyenné et de l'archidiaconé de Breteuil et du diocèse de Beauvais. L'église, très remaniée, date de 1539.

Fumechon, dépendait, avant 1789, de la Prévôté foraine de Clermont et de l'Élection de la même ville, une de celles de l'Intendance de Soissons.

Au xiv° siècle (1373), un fief situé à Fumechon relevait du châtelain de Bulles et de Jean de Barbançon, à cause de son fief à Bulles ; l'un et l'autre étaient vassaux du comté de Clermont. Ce fief se composait de deux manoirs, possédés jadis par Baudouin

(1) *Archives nationales*, P. 136, n° 124. — VILLERS DE ROUSSEVILLE, *Nobiliaire de Picardie*, généalogie DE BÉRY. — Le P. DAIRE, *Histoire du Doyenné de Conty*, éditée par M. GARNIER, page 31.

(2) *Archives nationales*, P. 136, n° 124. — *Bibliothèque nationale, Collection* Dom GRENIER, tome 118, f° 20.

de Fumechon et Colart, son oncle, et, en 1373, par Charles de Fumechon. Un autre fief était tenu du seigneur de Catillon, autre feudataire du comté de Clermont.

Ainsi qu'on vient de le voir, les Fumechon possédaient la seigneurie dès le commencement du xiiie siècle. En 1548, Charlotte de Fumechon la porta en dot à Anne de Monterollier ; en 1559, elle appartenait à Adrien Le Chevalier, et, en 1608, à Antoine de Belloy, chevalier, gentilhomme ordinaire de la chambre du Roi, seigneur de Francières, Catillon, Fumechon, Blincourt, décédé le 5 octobre 1666. Sa fille, Marie, épouse, par contrat du 10 septembre 1631, Philippe de Billy, IIe du nom, écuyer, seigneur d'Antilly, Laigneville, Cuvergnon, Villers-les-Pots, gentilhomme ordinaire de la chambre du Roi, capitaine de cavalerie, mort en 1667.

Louis Pierre Nicolas de Guillebon, chevalier, seigneur de Wavignies, est le premier qui se soit intitulé seigneur de Fumechon (1).

La cure de Notre-Dame de RAVENEL (canton de Saint-Just, Oise) était à la nomination de l'abbé de Saint-Just, et dépendait du doyenné et de l'archidiaconé de Breteuil, au diocèse de Beauvais.

L'église date du xvie siècle ; elle a la forme d'une croix ; neuf longues fenêtres éclairent le chœur, où l'on remarque un riche autel en marbre, placé en 1634 ; la nef ne remonte pas au-delà du xviiie siècle ; le portail lui est encore postérieur (1780) ; le clocher, placé à côté du chœur, semble avoir été construit à la même époque : il a quarante-cinq mètres de hauteur. C'est une tour carrée à trois étages, non compris le rez-de-chaussée.

Ravenel ressortissait à la Prévôté de Montdidier, du Bailliage de Vermandois, et à l'Élection du même lieu, une de celles de la Généralité d'Amiens.

La seigneurie relevait de la châtellenie de Tricot, tenue du Roi, à cause de sa Salle de Montdidier. En 1215, Jean de Ravenel, qui en était possesseur, donna une portion des dîmes du territoire à l'abbaye de Saint-Just. Le châtelain de Tricot avait d'autres vassaux, en 1384. Mahieu de Rouveroy tenait de lui des terres et cens avec « une mote, là où souloit avoir ung molin », près du chemin de Ravenel à Léglantiers, et le fief du vicomte de Poix, sire d'Esquesnes. Jean du Prel et Postel de Bruel avaient chacun une masure « a le plache que on dit le val de Ravenel ». Jean Postel tenait en outre un fief abrégé « en le rue de le Cauchie », et Perceval de Boulencourt, deux masures dans la même rue, et « la somme de XXIII mines et demie de terre ».

Plusieurs autres fiefs relevaient de la seigneurie de Quincampoix, mais à la fin du xive siècle, le seigneur avait refusé de fournir l'état de sa terre aux châtelains de la

___

(1) GRAVES, *Précis statistique sur le Canton de Saint-Just*, p. 60. — E. DE L'ÉPINOIS, *Recherches sur le Comté de Clermont*, p. 183. — Comte DE LUÇAY, *Le Comté de Clermont*, p. 194, 230, 236.

Hérelle et de Tricot, ses suzerains. En 1377, Jean Rouget avait déclaré tenir de la Hérelle un fief à Ravenel, dont la justice appartenait au châtelain.

Tout Ravenel n'était cependant pas dans la mouvance de Montdidier. Jean Crapain, à cause d'un fief à Léglantiers, tenu du comté de Clermont, avait, en 1373, un vassal à Ravenel ; de même, Guillaume du Quesnel, possesseur d'un fief au Quesnel-sur-Bulles ; il était feudataire du châtelain de Bulles et de Louis d'Auxy, médiats au comte de Clermont. Il serait impossible d'énumérer les possesseurs d'un aussi grand nombre de tenures, dont quelques-uns avaient ou prenaient le droit de se qualifier seigneurs en partie de Ravenel. Tels sont, au xvi⁰ siècle, Philippe Le Thoillier, dit *Guilbon*, écuyer, seigneur d'Angivillers, et son fils François ; en 1663, Jean Louvel, chevalier, puis Étienne François, en 1707 ; M. de Clermont tenait, en 1700, une partie de Ravenel, à cause du marquisat de Maignelay, et prétendait à la possession de la seigneurie des chemins de son fief, qui relevait de Tricot.

Cependant, la seigneurie proprement dite n'avait pas changé de mains depuis le xiii⁰ siècle ; en 1555, Jean de Ravenel la vendit, ainsi que ses autres biens de Picardie, pour aller s'établir à Vitré, en Bretagne. Les du Bouchart paraissent lui avoir succédé : Antoine en 1559, Jean en 1617. L'un de leurs héritiers avait, en 1700, onze fiefs à Ravenel. Le plus important, le fief de Milly, relevait de Maignelay, les autres de Quincampoix. A cette époque, le domaine s'était accru de la propriété du marquis d'O, qui mouvait de Tricot. Toute cette réunion de fiefs et de seigneuries fut, en 1750, vendue par décret, peut-être aux de Guermante, seigneurs de Ravenel au moment de la Révolution (1).

REMY, canton de Vitry (Pas-de-Calais), entré dans le domaine d'Artois sous le comte Robert, qui en fit l'acquisition au mois de mars 1268, y demeura sous la domination bourguignonne, bien que Jean-sans-Peur l'ait aliéné pour un temps au profit du seigneur de Sorel. Les ducs élevèrent, sur la rive gauche de la Sensée, un château, dit château des Archiducs, qui subsistait encore en 1569 ; son emplacement se nomme aujourd'hui le Bas-Château. Le domaine de Remy s'amoindrit progressivement, et en 1720, il ne restait plus que la haute justice du Roi, dite la Hauteur, que Louis XIV vendit à Pourra, directeur de l'hôpital général d'Arras. Celui-ci s'en défit bientôt au profit de Lille, chirurgien du même hôpital, qui, à la suite de contestations avec le seigneur de Remy au sujet de droits honorifiques, céda la Hauteur au comte de La Torre et à sa femme.

---

(1) GRAVES, *Précis statistique sur le Canton de Saint-Just,* page 83. — *Archives nationales,* P. 136, n⁰⁰ 138 et 111. — Comte DE LUÇAY, *Le Comté de Clermont,* page 261. — DE BEAUVILLÉ, *Documents inédits concernant la Picardie,* tome IV, page 664, et tome III, page 541. — Le Chanoine PIHAN, *Histoire de Saint-Just-en-Chaussée,* page 254. — *Bibliothèque nationale, Collection de* Dom GRENIER, tome 119, f⁰ 202.

A côté du domaine comtal il existait une seigneurie, primitivement sans doute, simple fief tenu du château d'Arras. Le chef-lieu en était un château, élevé, en 1529, par Jeanne Gosson ; c'est celui qui subsiste de nos jours. L'édifice, plus long que large, est construit en briques sur une gresserie de plus d'un mètre de hauteur, flanqué de quatre tours rondes voûtées ; une cinquième se détache du corps principal et renferme l'escalier, elle est ronde également, mais plus élevée.

Le château fut brûlé deux fois. En 1640, le gouverneur d'Arras, soupçonnant le seigneur de Remy d'être de connivence avec les Français, y fit mettre le feu ; la façade nord fut seule atteinte par les flammes. Depuis quelques années, Mme de Guillebon a entrepris d'importantes restaurations pour rendre à ce château féodal son aspect primitif.

Le premier seigneur connu en portait le nom ; Virel de Remys est compris, en 1096, au nombre des chevaliers du tournoi d'Anchin. Au mois de mars 1268, Aubri, dit le Maréchal, chevalier, descendant d'Albéric Clément, maréchal de France sous Philippe-Auguste, seigneur de Remy à cause de sa femme, Jacqueline de Montgermonde, vendit sa terre au comte Robert d'Artois, moyennant une rente de 800 livres. Jean-sans-Peur, duc de Bourgogne, aliéna Remy, le 14 octobre 1414, au seigneur de Sorel, en récompense de ses services. Philippe, dit Philippot de Gosson, est seigneur de Halloy, Remy, Éterpigny, Ambrines, en 1492 ; sa fille, Jeanne, porta ces biens en mariage à Michel de Pressy, seigneur de Flencques (1530). Charles de Pressy aliéna, au profit de Robert d'Aoust, seigneur de Jumelles, Sin, etc. Hyppolite Caroline d'Aoust étant devenue femme d'Ernest Ferdinand de La Torre-Butron, la terre de Remy fut érigée en baronnie, par lettres patentes du mois de mai 1719. Ils n'eurent pas d'enfant et léguèrent à leur neveu, Jean François Alexandre de La Torre-Butron y Mexico, qui vendit à Paul François Bouquel, écuyer, seigneur de Warluzel. Celui-ci se dessaisit bientôt de Remy au profit d'Antoine Prevost de Wailly, écuyer, secrétaire du Conseil d'Artois (mai 1732). Marie Antoinette Françoise Prévost se maria, en 1731, avec Louis Vast François d'Aix, dont le petit-fils Lamoral fut créé baron héréditaire de Remy, par lettres patentes du mois de juillet 1784. Albert Louis Alain de Guillebon-Beauvoir devint propriétaire du domaine de Remy en épousant, en 1832, Mathilde d'Aix, la dernière de sa race (1).

RICQUEMESNIL, hameau de la commune de Hem-lès-Doullens, canton et arrondissement de Doullens, se composait de 10 à 12 maisons en 1784 ; il n'y a plus aujourd'hui que 6 habitants.

Avant la Révolution, ce lieu était de la paroisse de Hem, de la Prévôté de Doullens,

---

(1) *Le Château de Remy*, par A. DE CARDEVACQUE, 8 pages et 1 planche. — *Extrait de la Statistique monumentale du Pas-de-Calais,* publiée par la *Commission des Antiquités départementales*, tome II, in-4°

au Bailliage d'Amiens, et de l'Élection de la même ville, ressortissant à l'Intendance d'Amiens.

La seigneurie relevait 1° du Roi, à cause de son château de Doullens, et 2° de la châtellenie dè Beauval, tenue de Doullens. Le premier de ces fiefs consistait, en 1372, en terres, prés et bois ; il n'y avait qu'un arrière fief appartenant à Jean Briet.

Après les seigneurs du nom, Girard (1177), et un espace de deux siècles, paraît, en 1372, Robert de Beauval, chevalier, sire d'Occoches et de Villeroy-sur-Authie, dans la descendance duquel Ricquemesnil demeura plus d'un siècle ; en 1578, Louis de Monchy-Hocquincourt, chevalier de l'ordre du Roi, gouverneur de Laon ; en 1678, par acquisition sans doute sur les de Monchy, Pierre Dragon, procureur du Roi, au bureau des finances d'Amiens. Sa petite-fille, Marie Catherine Élisabeth Dragon, porta Ricquemesnil à Nicolas Louis de Saisseval ; ils vendirent à Henri Gaspard François de Domesmont, dont la fille, Louise Françoise, épousa, le 12 juillet 1836, Louis Joseph Édouard de Guillebon (1).

LA RUE-SAINT-PIERRE (canton de Clermont, Oise) se composait primitivement de deux hameaux, réunis depuis : la Rue-Saint-Pierre, à l'ouest, vers le marais, et Courlieu, autour de l'église, qui donnait son nom à la paroisse. Le territoire comprenait d'abord toute la forêt de Hez ; en 1187, le comte Raoul en détacha la paroisse de la Neuville-en-Hez ; dès lors Courlieu n'eut plus qu'un vicaire dépendant du curé de la Neuville. La localité conserva jusqu'au XVII° siècle sa dénomination primitive, et, en 1789, un fief des religieuses de Wariville le rappelait encore.

L'église, consacrée à S. Lucien, se compose d'un portail roman surmonté d'une double arcade ajourée servant de clocher. Le porche qui précède le portail remonte à 1602 ; la nef est moderne ; le chœur date de la fin du XVI° siècle. On y voit de belles stalles et un autel très orné.

Le Chapitre de Beauvais nommait à la cure et possédait la seigneurie de la Rue-Saint-Pierre. En 1685, un arrêt du Parlement le maintint dans le droit de se qualifier seigneur de la Rue, conjointement avec le seigneur, pour raison des fiefs de Botterel et d'Erquery, qui leur appartenaient par moitié. Serait-ce de cette seigneurie que Philippe Le Thoillier, François et son fils prenaient un de leurs titres, au cours du XVI° siècle ?

Dès le XIII° siècle, Courlieu avait des seigneurs de son nom ; en 1458 paraît Renaud de La Personne de Saint-Paul ; sa veuve laissa la Rue-Saint-Pierre à Thomas de

---

(1) *Mémoires de la Société des Antiquaires de Picardie*, tome 29, p. 231 : *Histoire des Communes rurales du Canton de Doullens*, par l'Abbé Th. LEFÈVRE. — *Archives nationales*, P. 137, f° 13 r° et 134 r°.

Wignacourt, l'un de ses parents, qui y résidait en 1482. Le duc de Berwick acquit, en 1732, la seigneurie ; elle fut incorporée au duché de Fitz-James en 1739 [1].

SAINT-RIMAULT est un hameau plus important que le chef-lieu de la commune : Essuiles (canton de Saint-Just, Oise).

La seigneurie relevait du comté de Clermont. L'ancien château, construit vers le XIVe siècle, fut en partie démoli et remplacé par une habitation moderne. La chapelle, sous le vocable de S. Jacques, existait avant 1220 ; au chapitre de Beauvais appartenait la nomination du titulaire.

Jean d'Argillière, seigneur de Breuil-le-Vert et de Saint-Rimault, fut l'un des commissaires nommés, en 1485, pour la délimitation de l'Élection nouvellement créée à Clermont. Saint-Rimault lui avait été donné par Pierre de Bourbon, sire de Beaujeu, à la suite de la confiscation faite au profit de ce prince sur Olivier le Daim, barbier et valet de chambre du Roi. Au XVIe siècle, Louis d'Erquinvillers se dit seigneur de Saint-Rimault ; il fut député aux États de Blois pour le Bailliage de Clermont, en 1596.

Il faut arriver au commencement du XVIIe siècle pour établir la succession non interrompue des seigneurs. Jean de Gaudechart, seigneur de Bachivillers, comte d'Esseville, qui possédait alors Saint-Rimault, était lieutenant général et commanda l'un des deux régiments levés, en 1636, par la ville de Beauvais pour empêcher l'invasion de la Picardie. La comtesse de Runnes, sa nièce, en hérita. Son fils, le sieur de Baraudier, comte de la Chaussée-d'Eu, vit ses biens saisis, et Saint-Rimault fut vendu par autorité de justice à M. de Broé, ancien premier commis des finances (1777). L'une de ses descendantes, Thérèse Marie Geneviève de Broé, épousa, en 1870, Charles Gabriel Gustave de Guillebon [2].

Depuis la division de la France en départements, TROUSSENCOURT a toujours fait partie du canton de Breteuil, arrondissement de Clermont, Oise. Auparavant il ressortissait à la Prévôté de Montdidier, Bailliage de Vermandois, et à l'Élection de la même ville, Intendance de Picardie.

La cure dépendait du doyenné et de l'archidiaconé de Breteuil, au diocèse de Beauvais ; l'abbé de Breteuil nommait le titulaire. L'église, consacrée à S. Denis, a un chœur polygone, éclairé par des fenêtres ogivales simples, à l'exception de celle du fond qui est divisée en deux ogivettes. Les voûtes sont ornées de moulures prismatiques. La nef et le clocher datent de 1765.

La seigneurie relevait de la châtellenie de Breteuil ; le domaine était affermé 1,500

---

(1) Graves, *Précis statistique sur le Canton de Clermont*, page 136. — Debauve et Roussel, *Histoire et description du Département de l'Oise, Canton de Clermont*, page 170.

(2) Graves, *Précis statistique sur le Canton de Saint-Just*, page 57.

livres en 1700, 1,600 livres en 1707 ; il comprenait alors des censives, un moulin rapportant 260 livres, 40 à 45 journaux de terres à la sole, 5 de bois à coupe, un journal et demi de vignes, donné pour les façons. Un fief était tenu de la seigneurie de Francastel. Le 21 septembre 1375, Firmin Moisnel, fils de Philippe, avoue tenir ce fief de M. Philippe de Beauvais, seigneur de Troussencourt, à cause de sa femme. En 1511, Troussencourt passe par acquisition dans la famille de Thory, qui le revendit, en 1659, à Louis d'Anfreville. Michelle d'Anfreville le porta en mariage à Nicolas d'Oranges, sieur des Roches, maréchal général de la cavalerie, gouverneur de Fougères. Leur héritière, Marie Élisabeth, épousa, le 9 septembre 1685, François de Gouy, comte d'Arcy, marquis de Cartigny. Une nouvelle vente, du 17 février 1739, transporta la seigneurie de Troussencourt des mains de Louis, marquis de Gouy, chevalier, seigneur d'Arcy, maréchal des camps et armées du Roi, lieutenant général au gouvernement de l'Ile-de-France, chevalier de saint Louis, en celles de Marie Claude de Mons, chevalier, seigneur d'Hédicourt, Saint-Sauveur, Meigneux, etc., dont la fille, Catherine Gabrielle, épousa, le 19 mai 1749, Antoine de Guillebon, chevalier, seigneur de Beauvoir, Bacouel, Rouvroy, etc. (1).

VAUX-SOUS-MONTDIDIER est aujourd'hui un simple hameau du Frétoy (canton de Maignelay, Oise) ; avant 1789, il formait une paroisse du doyenné de Montdidier, de l'archidiaconé et du diocèse d'Amiens. Le Chapitre d'Amiens nommait à la cure ; l'église, sous le vocable de S. Médard, a un portail en plein cintre, orné de dentelures et supportant une fenêtre et une longue aiguille couverte d'ardoises ; la nef est moderne ; le chœur, plus élevé, date du XVIᵉ siècle ; il est éclairé par de hautes et larges fenêtres à deux et trois divisions. La corniche et les contreforts ont des ornements dans le goût de la Renaissance ; les voûtes sont chargées d'écussons et de pendentifs.

Vaux ressortissait à la Prévôté de Montdidier, du Bailliage de Vermandois, et à l'Élection de la même ville, une de celles de la Généralité d'Amiens.

En 1700, la seigneurie était partagée.

La plus grande partie appartenait aux héritiers de M. de Clermont, à M. de Longueval, héritier apparent, et avait été unie au marquisat de Maignelay ; elle pouvait valoir 2,000 livres de revenu et comprenait 230 journaux de terre, 40 journaux de bois et un moulin à vent. Le seigneur prétendait à la seigneurie des chemins.

L'autre partie était depuis longtemps la propriété des du Mesnil, qui lui avaient donné leur nom ; ils y demeuraient, la faisaient valoir et en retiraient 1,500 livres chaque

(1) GRAVES, *Précis statistique sur le Canton de Breteuil*, p. 86. — *Archives nationales*, P. 135, n° 389. — *Archives du château de Troussencourt*. — LA CHÉNAIE-DESBOIS, *Dictionnaire de la Noblesse*, 2ᵉ édition, tome VII, col. 353.

année. Ils étaient vassaux du seigneur de Rollot ; le domaine s'étendait sur cinq muids de terre à la sole, trois journaux de pré et trois journaux de bois à coupe. Marie Catherine du Mesnil, la dernière de son nom, épousa Joseph de Guillebon, chevalier, seigneur de Ligneris, et lui apporta en dot la terre de Vaux (6 mai 1755) (1).

WAVIGNIES fut désigné, en 1790, pour devenir le chef-lieu de l'un des cantons de l'arrondissement de Clermont. Ce canton comprenait Câtillon, Fumechon, le Plessier-sur-Bulles, Bucamp, Fresneau, le Quesnel-Aubri, Montreuil-sur-Bresche et Thieux. Depuis, Wavignies a perdu son titre et n'est plus qu'une simple commune du canton de Saint-Just.

Antérieurement à la Révolution, le territoire ressortissait à deux juridictions différentes : un tiers dépendait de la Prévôté de Montdidier, au Bailliage de Vermandois, et de l'Élection de la même ville, Intendance de Picardie ; les deux autres tiers de la Prévôté foraine de Clermont et de l'Élection du même lieu, de la Généralité de Soissons.

L'abbaye de Breteuil nommait le titulaire de la cure, qui était du doyenné et de l'archidiaconé de Breteuil, au diocèse de Beauvais.

L'église, construite en 1551, est consacrée à S. Simon et S. Jude ; elle fut détruite par un incendie, en 1615, avec la plus grande partie du village ; le chœur seul fut épargné ; il est plus élevé que la nef et éclairé par de longues fenêtres ogivales.

Au point de vue féodal, Wavignies a subi l'influence de la division du territoire entre les prévôtés de Montdidier et de Clermont. C'est sur la première qu'était situé le fief que Jacques de Brimeu avoue tenir, le 28 novembre 1375, de Mme Ysabeau de Nesle, dame de Beaussault, de Breteuil et de la Tournelle, et de son fils, Hue de Montmorency, écuyer, à cause du château de la Tournelle. Ce fief consistait en 21 muids de grain à prendre chaque année, à la S. Remi, sur la maison de la Bruière-lez-Wavignies. En 1700, il y avait deux fiefs mouvant de Breteuil : les fiefs d'Ami et de Marsac, qui appartenaient au seigneur d'Esclainvillers.

Parmi les arrière-fiefs du Comté de Clermont, on en compte sept à Wavignies en 1373. L'un relevait d'un fief à Fumechon, tenu du châtelain de Bulles ; en 1700, il portait un nom, fief d'Aubigny, et avait pour propriétaire M. d'Esclainvillers, à cause de sa femme. Trois autres de Guillaume du Quesnel, à cause de deux fiefs au Quesnelsur-Bulles — Quesnel-Aubri, — mouvant aussi du châtelain de Bulles et de Louis d'Auxi indivisement. Les deux derniers étaient des arrière-fiefs de la seigneurie de Câtillon, relevant directement du comté de Clermont.

Aux XIIe et XIIIe siècles, les principaux feudataires de Wavignies en portaient le nom ;

(1) GRAVES, *Précis statistique sur le Canton de Maignelay*, page 43. — DAIRE, *Histoire de Montdidier*, page 182. — *Bibliothèque nationale, Collection de* Dom GRENIER, tome 119, f° 243.

en 1523, Étienne de Rouvroy, écuyer, est cité comme seigneur ; il avait acquis, le 12 octobre, de Jean Routier, écuyer, trois fiefs tenus de Louis de Gouy, écuyer, seigneur de Campremi et du Quesnel-Aubri. En 1559, la seigneurie appartient à Robert Goulart ; elle est ensuite entrée dans la maison de Homblières, qui possédait déjà la seigneurie d'un hameau voisin, en partie du moins, car, en 1700, Wavignies est partagé entre plusieurs propriétaires.

C'est d'abord Antoine de Guillebon, qu'on appelle le seigneur de Wavignies ; il n'a pas de domaine, mais de beaux enclos qu'il fait valoir. Sa part comprend encore une maison couverte en chaume sur l'Élection de Clermont, un moulin à vent rapportant 300 livres et 60 muids de blé et avoine de censives. Les héritiers du sieur de La Frette, capitaine aux gardes du duc d'Orléans, n'ont pas non plus de domaine, mais leurs biens à Wavignies valent 1,500 livres par an. La partie de l'abbaye de Corbie vaut aussi 1,500 livres. Il y a encore les fiefs d'Aubigni, d'Ami et de Marsac, dont il a déjà été question, et le fief de Mernay, de 24 muids de grain, qui appartient à M. de Mernay, de Paris.

Les derniers vestiges de MALVOISINE ont disparu en 1826 ; on y trouvait encore, en 1675, une douzaine de maisons, une ferme, un vignoble, un parc. Marguerite Marchand, femme d'Antoine de Guillebon, chevalier, seigneur de Wavignies, fit raser le château, dans le premier quart du XVIIIe siècle ; il relevait de la châtellenie de Nourard-le-Franc, tenue du château de Pontoise.

Les de Homblières en étaient seigneurs depuis le commencement du XIIIe siècle, où Enguerran, écuyer, paraît en 1208. Marie Marguerite de Homblières le porta dans la famille de Guillebon, avec la seigneurie de Wavignies, en épousant, le 18 septembre 1639, Antoine, écuyer, seigneur de Béthencourt [1].

(1) GRAVES, *Précis statistique sur le Canton de Saint-Just*, pages 101 et 102. — *Archives nationales*, P. 135, n° 403. — Comte DE LUÇAY, *Le Comté de Clermont, le Dénombrement de 1373*, pages 194, 198, 200 et 230. — DE L'ÉPINOIS, *Recherches historiques et critiques sur l'ancien Comté de Clermont*, page 196. — *Bibliothèque nationale, Collection de* Dom GRENIER, tome 119, folio 256. — DE BEAUVILLÉ, *Documents inédits concernant la Picardie*, tome IV, page 270. — LA CHESNAYE-DESBOIS, *Dictionnaire de la Noblesse*, tome VIII, colonne 88.

TABLES

TABLE DES NOMS DE LIEUX

TABLE DES NOMS DE PERSONNES [1]

(1) On a indiqué par une *astérisque* la page où figure le blason des familles.

(1) Pour faciliter les recherches et éviter les confusions, on a cru utile de rappeler, dans cette partie de la Table, les titres qu'ont portés les membres de la famille de Guillebon. — *Abréviations :* chev., chevalier ; éc., écuyer ; sgr, seigneur.

(1) V. la note de la page 212.

TABLE

ERRATA

Page   8. — *Inscription :* au lieu de Thasserat, lire Chasserat.

»   11. — Écusson Caignet, après le mot *aiglettes*, ajouter *au vol abaissé.*

»   16. — Le nom patronimique de la famille de Cavoye est Ogier.

»   17. — Dragon, d'après Haudicquer de Blancourt, portait : *d'or à la bande de sable, au lambel de gueules en chef.*

»   20. — Écusson de Fiennes, après le mot *sable*, ajouter *armé et lampassé d'azur.*

»   25. — Au lieu de Éloy Secoulx, lire Éloy Seroulx.

»   30. — Même observation que page 16.

»   41. — Écusson du Poncet, à lire comme suit : *d'azur à la gerbe d'or, surmontée de deux tourterelles de même, et accompagnée en chef d'une étoile aussi d'or.*

»   44. — Écusson de Mons de Thuison, après *au chef*, ajouter *cousu.*

»   47. — Dernière ligne, au lieu de *Longuechart*, lire *Longueschart.*

»   57. — Écusson Danse de Froissy, ajouter : *de deux épis de blé, tigés d'or.*

»   61. — Écusson de Joybert, après le mot *roses*, ajouter *tigées et feuillées.*

»   65. — Au lieu de Leroy de Méricourt, lire Le Roy d'Américourt : *de gueules à trois couronnes d'or, deux et une.* — Écusson Worms, au lieu de : *au chef.....* lire *au chef cousu de gueules, chargé d'une fleur de lys d'argent accostée de deux étoiles de même.*

»   79. — Au lieu de Constant d'Yanville, lire Coustant d'Yanville.

»   83. — Écusson Magimel, après le mot *chef*, ajouter *cousu.*

»   98. — Écusson Langlois, après le mot *aigle*, ajouter *au vol abaissé.*

»   99. — Écusson Hainsselin, après les mots *lin de sinople*, ajouter *fleuris d'azur.*

»   103. — Écusson Marchand, au lieu de *trois épis de blé d'or*, lire *trois épis de blé tigés et feuillés d'or, posés deux et un.*

»   104. — Au lieu de 2° Anne Berthe..... lire 2° Anne Barbe.

»   110. — Au lieu de de Croy, lire de Croix.

Page 113. — La famille de Jambourg de Mory portait, en 1699, lorsqu'elle fut maintenue dans sa noblesse : *d'argent à trois merlettes de sable, 2 et 1.*

» 138. — Écusson de La Myre, au lieu de *aux 2ᵉ et 3ᵉ d'or…..* lire *aux 2ᵉ et 3ᵉ d'or à la bande de gueules, accompagnée de deux tourteaux d'azur et de trois merlettes de sable rangées en chef.*

» 139. — Écusson de Bréda, au lieu de DE BÉRY, lire DE BERG ; au lieu de DE POLANEN, lire DE POLAENEN.

» 147. — Écusson Achard, ajouter à la fin : *et brochant sur le lion.*

» 157. — Écusson de Boisgelin, au lieu de *sable plein*, lire *d'azur plein.*

» 159. — Écusson de Laureau, après le mot *laurier*, ajouter *arraché.*

Imprimé

PAR

PITEUX FRÈRES

AMIENS

1893

SUPPLÉMENT

A LA NOTICE

SUR LA FAMILLE

DE GUILLEBON

SUPPLÉMENT

A LA NOTICE

SUR LA FAMILLE

DE GUILLEBON

CAMBRAI
IMPRIMERIE HENRY MALLEZ ET Cie
—
MCMXXXIV

AVANT-PROPOS

Depuis que la Notice généalogique sur la Famille de Guillebon a vu le jour, en 1927, environ 170 événements (naissances, mariages et décès) sont survenus, propres à en modifier le texte. Il semble utile de faire paraître la liste complète de ces événements, afin que les membres de notre famille, dans laquelle l'union la plus grande est une tradition séculaire, continuent à être tenus au courant les uns des autres. Les jeunes générations se dispersent de plus en plus, ont moins d'occasions de rencontre. Le présent supplément formera un nouveau trait d'union entre elles. Il offrira un abondant et consolant exemple de foyers peuplés de nombreux enfants. Il montrera que, grâce à Dieu, le nom de Guillebon semble moins que jamais près de s'éteindre,

Ce supplément comprend trois parties :

1º Un Erratum. *Son peu d'importance atteste la solidité, au point de vue généalogique, du volume de 1927.*

2º Quelques renseignements complémentaires sur les générations éteintes.

3º Une mise à jour des générations actuelles.

(Certains ménages, qui avaient déjà des enfants en 1927, lorsque la Notice a paru, en ont eu d'autres depuis lors. Pour chacun de ces ménages-là, on a repris ici, dans un but de clarté, la totalité de ses enfants).

Juin 1934.

ERRATUM

Page 11, 6ᵐᵉ alinéa, ligne 1, lire : « Ce CHARLES-FRANÇOIS».

Page 26, 5ᵐᵉ alinéa, ligne 4, lire : « Capettes ».

Page 30, dernier alinéa, ligne 4, lire : « FERDINAND, ANATOLEet ALBERT».

Page 40, lignes 19 et 21, lire : « O' KERRINS HYDE ...... 69ᵉ Régiment ». Et
aussi page 257, ligne 7.

Page 41, ligne 5, lire : « le 12 Février » ; ligne 6, lire : « le 8 Juillet ».

Page 60, ligne 7, lire : « 1925 ».

Page 65, ligne 8, lire : « HUMBERT DE BEAUNAY».

Page 66, ligne 12, lire : « BENOIT DE SAINT-SEINE».

Page 92, avant-dernière ligne, lire : « le 14 Décembre ».

Page 122, intercaler : « 4° TOUSSAINT DE GUILLEBON, baptisé le 1ᵉʳ Novembre
1704 ».

Page 139, 5ᵐᵉ alinéa, ligne 1, lire : « série E ».

Page 148, ligne 2, lire : « en 1898 ».

Page 150, ligne 7, lire : « le 27 Mars 1886 ».

Page 156, ligne 5, lire : « le 3 Mars 1906 ».

Page 190, ligne 5, lire : « COMTE DE SEREYS ».

Page 254, entre « DE GONCOURT » et « GRANDIDIER » intercaler : « DE GOUY ...... page 33 ».

RENSEIGNEMENTS COMPLÉMENTAIRES

SUR LES

GÉNÉRATIONS ÉTEINTES

BRANCHE

D'ANGIVILLERS

Page 9 : CHARLOTTE LE THOILLIER épousa AMADIS DE FAY.

(Généalogie de la maison de Fay d'Athies, dans les *Notices généalogiques du Baron de Woëlmont*, 4ᵐᵉ série, page 341).

Page 19 : On ignore en réalité si MARIE DE GUILLEBON, épouse de LOUIS DU MESNIL, laissa postérité.

LOUIS DU MESNIL épousa en secondes noces MARIE TILLETTE D'ACHERY. Un des témoins, pour son premier mariage, avait été LOUIS DU MESNIL, seigneur de Vaux, son cousin-germain.

(Communication de M. le Baron André de Maricourt).

BRANCHE
DE BLANCFOSSÉ

Page 118 :   En 1929, M. le docteur Dautheuil, de Saint-Leu d'Esserent (Oise), a bien voulu fournir le dessin de la pierre tombale de Catherine Guilbon, épouse de Charles de Certieux. Cette pierre, provenant de l'église de Blincourt (arrondissement de Clermont (Oise), se trouvait alors entre les mains d'un habitant de cette localité. Elle mesure 1ᵐ10 de hauteur sur 0ᵐ60 de largeur. Elle est surmontée des armoiries des Certieux et des Guillebon et porte une inscription assez longue et dont certains mots sont effacés :

« Le 22 Avril 1663 décéda dame Catherine Guilbon, aagée de
» 73 ans, vivante femme de Mʳᵉ Charles de Certieux, chevalier,
» seigneur de Bouqueval et autres lieux, gouverneur de la ville de
» Chasteauvillain. Laquelle a fondé dans ceste église de Blincourt
» l'espace de 30 ans un De profundis pendant l'offerte, et à
» perpétuité les vigiles à 3 leçons, un obit solennel à pareil jour de
» son deceds, la prédication de la Passion. Auparavant sera chanté
» Stabat, et tous les dimanches et festes avant la messe l'hime Ave
» Maris Stella, le verset oraison à la fin Requiescat in pace. Pour ce
» a donné à ladite église 6 livres 15 sols de rente, scavoir 6 livres
» 5 sols sur une maison, terre, vigne et pourpris, scize en la rue du
» Poncelet, et 5 sols parisis sur deux autres maisons tenant ensemble
» scize au lieu de la Fontaine, appartenant aux héritiers de Jean
» André de Brébant et Thomas Couvreur ..... grâces des-dites rentes

» ..... obligations mises ès mains des marguilliers de la dite église,
» ainsy qu'il est mentionné dans le contract de fondation passé le
» 6 Avril 1657 par devant Renaud le jeune, notaire royal, à Précy
» .. . ... il est porté à la ...... Cocquart notaire royal à Précy le
» 2ᵉ Avril 1663. Priez Dieu pour son âme ».

BRANCHE

DE VAUX

Page 137 : A la 13ᵐᵉ ligne, après « MARIE-CATHERINE DU MESNIL », rayer les mots « descendante directe de la branche de Guillebon de Beauvoir ».

(Voir ce qui a été dit plus haut à propos de la branche d'Angivillers, page 11).

BRANCHE
DES FONTAINES

Page 187 : Françoise-Madeleine de Guillebon mourut à Moulins le 25 Juillet 1772 et fut inhumée le même jour à Saint-Pierre-des-Ménestraux.

Nicolas de Guillebon mourut à Moulins le 24 Septembre 1771 et fut inhumé le lendemain à Saint-Pierre-des-Ménestraux.

(Communication de Mr Tiersonnier, de Moulins).

BRANCHE

DE PARIS

Page 193 : MATHIEU RADIX, époux de CATHERINE-GENEVIÈVE GUILLEBON (IX), fut reçu secrétaire du roi au Grand Collège en 1723.

Leur petit-fils, RADIX DE SAINTE-FOY, fut nommé en 1774 ministre plénipotentiaire près le duc des Deux-Ponts. Il fut plus tard surintendant des finances du Comte d'Artois et devint pendant la Révolution l'ami intime de Talleyrand. (Voir de nombreux détails dans le « Talleyrand » de Lacour-Gayet).

BRANCHE
DE ROUEN
& MONTMIRAIL

Page 196 : Elisabeth Guillebon, mariée en secondes noces à Mᵣ de Fourcy, avait épousé en premières noces Mʳ Despatys de Saint-Avoye, (probablement payeur des rentes à l'hôtel-de-ville de Paris). D'où une très nombreuse postérité.

(Communication de Mʳ le Baron André de Maricourt).

GUILLEBON
NON ENCORE RATTACHÉS

Pages 208 et 216 : JEAN-BAPTISTE DE GUILLEBON, moine à l'abbaye de Froidmont, signa le 4 Juillet 1634, avec le prieur Etienne Rupys et plusieurs autres religieux, un aveu à Jean des Courtils, seigneur de Merlimont.

(*Mémoires de la Société Académique de l'Oise*, tome XVIIIe, 2e partie, 1902, page 363).

MISE A JOUR

DES

GÉNÉRATIONS CONTEMPORAINES

—————

BRANCHE
DE BEAUVOIR

Page 33 : EMMANUEL DE GUILLEBON (XIII) est décédé au château de Bonneleau (Oise) le 7 Février 1929.

Page 34 : Le COMTE MAURICE DE GUILLEBON (XIII) est décédé à Amiens le 2 Novembre 1929.

Page 34 : Le COMTE JEAN DE GUILLEBON (XIV), marié à GENEVIÈVE DE LA TULLAYE, a pour enfants :

A) MARIE-FRANÇOISE DE GUILLEBON (XV), née à Beauvoir le 27 Février 1930.

B) ODILE DE GUILLEBON (XV), née à Beauvoir le 5 Août 1931.

Page 36 : Madame FÉLIX DE WAILLY, née MARIE DE GUILLEBON (XIII), est décédée à Verchin le 5 Juillet 1933.

BRANCHE DE
TROUSSENCOURT

Page 38 :   CLOTILDE DE GUILLEBON (XIII) est décédée à Versailles le 10 Mai 1934.

Page 40 :   Madame DE COUDENHOVE, née THÉRÈSE DE GUILLEBON (XIII), est décédée à Fléville le 23 Mai 1933.

Page 40 :   Les enfants d'ANDRÉ DE COUDENHOVE (XIV), marié à MADELEINE VITTU DE KERRAOUL, sont les suivants :

A) THÉRÈSE DE COUDENHOVE (XV), née à Paris le 8 Janvier 1922.

B) MARIE DE COUDENHOVE (XV), née à Saint-Servan le 6 Juillet 1923.

C) GABRIEL DE COUDENHOVE (XV), né à Fléville le 26 Août 1925. Décédé le lendemain.

D) GÉRARD DE COUDENHOVE (XV), né à Fléville le 26 Août 1925. Décédé le 18 Janvier 1927.

E) XAVIER DE COUDENHOVE (XV), né le 20 Novembre 1927.

Page 40 : CÉCILE DE COUDENHOVE (XIV) est décédée à Paris le 19 Novembre 1932.

Page 41 : Les enfants de PIERRE DE COUDENHOVE (XIV), marié à JEANNE DE CHAPTAL-LAMURE, sont les suivants :

A) ELISABETH DE COUDENHOVE (XV), née à Paris le 3 Mai 1920.

B) NICOLE DE COUDENHOVE (XV), née à Paris le 20 Juillet 1921.

C) JEAN DE COUDENHOVE (XV), né à Paris le 19 Juillet 1923.

D) AGNÈS DE COUDENHOVE (XV), née à Paris le 26 Août 1926.

E) GUY DE COUDENHOVE (XV), né à Paris le 6 Novembre 1933.

Page 41 : Les enfants de BERNARD DE COUDENHOVE (XIV), décoré de la Médaille du Maroc et de la Croix de Guerre, sont les suivants :

de son mariage avec ANNE-MARIE DE GUILLEBON :

A) HENRI DE COUDENHOVE (XV), né à Nossi-Bé le 13 Juin 1920;

de son mariage avec GHISLAINE DE BOUDEMANGE :

B) MICHELLE DE COUDENHOVE (XV), née à Madagascar le 28 Février 1925.

c) FRANÇOIS DE COUDENHOVE (XV), né à Madagascar le 15 Décembre 1926.

D) CLAUDE DE COUDENHOVE (XV), née à Majunga le 12 Mai 1930.

Page 42 : FRANÇOIS DE COUDENHOVE (XIV) : décoré de la Croix de Guerre.

Page 42 : Les enfants de GASTON DE COUDENHOVE (XIV), capitaine de corvette, Chevalier de la Légion d'honneur, marié à SIMONE VITTU DE KERRAOUL, sont les suivants :

A) JACQUES DE COUDENHOVE (XV), né à Fléville le 1er Juin 1923.

B) FRANÇOISE DE COUDENHOVE (XV), née à Cherbourg le 17 Octobre 1925.

C) MARTHE DE COUDENHOVE (XV), née le 11 Octobre 1926.

D) PAULE DE COUDENHOVE (XV), née à Brest le 9 Novembre 1928. Décédée en Mars 1930.

E) HERVÉ DE COUDENHOVE (XV), né à Brest le 15 Avril 1930.

F) PHILIPPE DE COUDENHOVE (XV), né à Brest le 20 Avril 1932.

G) CÉCILE DE COUDENHOVE (XV), née à Brest le 31 Mars 1934.

Page 42 :   Adrien de Coudenhove (XIV) : décoré de la Médaille Militaire.

Page 43 :   Le Vicomte Maxime de Guillebon (XIII) est décédé à Saint-Cast le 30 Mars 1931.

La Vicomtesse Maxime de Guillebon est décédée à Saint-Cast le 18 Juin 1932.

Page 43 :   Les enfants du Vicomte Edouard de Guillebon (XIV), marié à Edith de Witasse, sont les suivants :

A) Monique de Guillebon (XV), née le 30 Septembre 1916.

B) Jacqueline de Guillebon (XV), née le 3 Juin 1918.

C) Elisabeth de Guillebon (XV), née le 3 Juillet 1921.

D) Anne-Marie de Guillebon (XV), née le 24 Août 1925.

E) François de Guillebon (XV), né le 28 Janvier 1930.

Page 44 :   Les enfants d'Antoine de Guillebon (XIV), marié à Suzanne de la Simone, sont les suivants :

A) Claude de Guillebon (XV), né à Malo-les-Bains le 26 Novembre 1925.

D) Didier de Guillebon (XV), né à Malo-les-Bains le 25 Octobre 1926.

c) Francis de Guillebon (XV), né à Malo-les-Bains, le 22 Juin 1928.

d) Ivan de Guillebon (XV), né à Malo-les-Bains le 30 Juillet 1930.

e) Marie-Danièle de Guillebon (XV), née à Malo-les-Bains le 22 Novembre 1932.

Page 45 : Les enfants de Michel Patris de Breuil (XIV), marié à Marie-Georgette Carlier, sont les suivants :

a) Geneviève Patris de Breuil (XV), née le 11 Avril 1922.

b) Georges Patris de Breuil (XV), né le 19 Janvier 1924.

c) Jacqueline Patris de Breuil (XV), née le 17 Septembre 1925. Décédée le 13 Mars 1933.

d) Bernard Patris de Breuil (XV), né le 1er Février 1931.

Page 45 :   Les enfants de Marie Patris de Breuil (XIV), mariée à Paul Patris de Breuil, sont les suivants :

A) Marie-Josèphe Patris de Breuil (XV), née le 15 Février 1923.

B) Louis Patris de Breuil (XV), né le 7 Août 1924.

C) Françoise Patris de Breuil (XV), née le 19 Juin 1926.

D) Guy Patris de Breuil (XV), né le 17 Septembre 1930.

E) Jean Patris de Breuil (XV), né le 29 Octobre 1933.

Page 46 :   Les enfants de Joseph Patris de Breuil (XIV), attaché à l'Office National Météorologique, marié à Germaine-Yvonne Laprade, sont les suivants :

A) Béatrix Patris de Breuil (XV), née à Ajaccio le 25 Janvier 1927.

B) Nicole Patris de Breuil (XV), née à Ajaccio le 11 Novembre 1927.

C) Marie-Claude Patris de Breuil (XV), née à Ajaccio le 1er Novembre 1932.

Page 47 :   CHARLES DE GUILLEBON (XIV), capitaine au long cours, a épousé à Mantes le 23 Avril 1932 MONIQUE BROUTTIN DE FERQUE. D'où :

MICHELLE DE GUILLEBON (XV), née au Hâvre le 17 Septembre 1933.

Page 47 :   JEANNE DE GUILLEBON (XIV), a épousé à Voulaines le 21 Août 1929 le BARON JEAN CHAPELAIN DE SÉRÉVILLE. D'où ·

A) GÉRARD DE SÉRÉVILLE (XV), né au Raincy le 13 Décembre 1930.

B) YVAN DE SÉRÉVILLE (XV), né à Lissac (Corrèze) le 16 Juin 1932.

C) PATRICE DE SÉRÉVILLE (XV), né à Brive (Corrèze), le 17 Février 1934.

Page 47 : ALAIN DE GUILLEBON (XIV), entré à l'Institut Agronomique en 1928, ingénieur agronome, a épousé à Corenc (Isère) le 25 Novembre 1931 MARIE DE GUILLEBON, fille de LUDOVIC DE GUILLEBON et d'ALICE DE CHAUVENET. (Voir ci-après, Branche dite de Mazinghem). D'où :

A) JACQUES DE GUILLEBON (XV), né à Grenoble le 22 Octobre 1932.

B) YVONNE DE GUILLEBON (XV), née à Grenoble le 10 Mai 1934.

Page 47 : PAULE DE GUILLEBON (XIV) a épousé à Voulaines le 24 Août 1932 PAUL LECOMTE. D'où :

CHANTAL LECOMTE (XV), née à Versailles le 23 Juillet 1933.

Page 48 : Les enfants de GHISLAINE DE GUILLEBON (XIV), mariée au COMTE CHARLES JOCHAUD DU PLESSIX, sont les suivants :

A) GENEVIÈVE DU PLESSIX (XV), née à Boistrancourt le 7 Août 1922.

B) YVES DU PLESSIX (XV), né à Boistrancourt le 18 Juin 1925.

c) JOEL DU PLESSIX (XV), né à Boistrancourt le 12 Mars 1927.

D) FRANÇOISE DU PLESSIX (XV), née à Boistrancourt le 29 Février 1928.

E) LOÏC DU PLESSIX (XV), né à Boistrancourt le 8 Juin 1929.

F) ALAIN DU PLESSIX (XV), né à Boistrancourt le 12 Août 1931.

G) CHRISTIAN DU PLESSIX (XV), né à Boistrancourt le 8 Juin 1934.

Page 49 : Les enfants de CÉCILE DE GUILLEBON (XIV), mariée au VICOMTE MAURICE DE ROQUEFEUIL, sont les suivants :

A) MARGUERITE-MARIE DE ROQUEFEUIL (XV), née à Boistrancourt le 20 Août 1926.

B) GHISLAINE DE ROQUEFEUIL (XV), née à La Loupe le 2 Août 1927.

C) AYMAR DE ROQUEFEUIL (XV), né à La Loupe le 27 Novembre 1929.

D) ODETTE DE ROQUEFEUIL (XV), née à La Loupe le 19 Janvier 1931.

Page 51 :   Raoul de Witasse (XIII) est décédée le 24 Février 1929.

Page 51 :   Léon de la Biliais est décédé le 29 Juillet 1928.

Page 51 :   Les enfants de Marie-Marguerite de Witasse (XIV), mariée à Jacques Deschamps de Pas, sont les suivants :

A) Claude Deschamps de Pas (XV), née à Saint-Omer le 31 Août 1925.

B) Nicole Deschamps de Pas (XV), née à Saint-Omer le 9 Décembre 1928.

BRANCHE
D'ESSERTEAUX

Page 57 : MARGUERITE DE GUILLEBON (XIII) est décédée à Orléans le 9 Septembre 1930.

Page 58 : Madame GEORGES DE LAAGE DE MEUX, née GERMAINE DE GUILLEBON (XIII), est décédée à Orléans le 14 Février 1933.

Page 59 : Les enfants de BERNARD DE BOUDEMANGE (XIV), marié à ANNE SALLIARD, sont les suivants :

A) YVONNE DE BOUDEMANGE (XV), née le 17 Novembre 1923.

B) ELISABETH DE BOUDEMANGE (XV), née le 14 Mars 1925.

C) HUGUES DE BOUDEMANGE (XV), né le 6 Mai 1926.

D) GAETAN DE BOUDEMANGE (XV), né le 5 Octobre 1927. Décédé le 29 Mai 1928.

E) MARIE-ANNICK DE BOUDEMANGE (XV), née le 22 Mars 1929.

F) MARGUERITE-MARIE DE BOUDEMANGE (XV), née le 24 Juillet 1930.

Page 60 :   Les enfants d'YVAN DE BOUDEMANGE (XIV), marié à GENEVIÈVE SALLIARD, sont les suivants :

A) ETIENNE DE BOUDEMANGE (XV), né le 7 Novembre 1925.

B) et C) ADOLPHE et MARIE DE BOUDEMANGE (XV), nés le 1er Juin 1927.

D) THÉRÈSE DE BOUDEMANGE (XV), née le 15 Octobre 1930.

Page 60 :   ALIETTE DE BOUDEMANGE (XIV), a épousé le 10 Mai 1928 JEAN BOUILLON. D'où :

A) YVONNE BOUILLON (XV), née le 6 Mars 1929.

B) PHILIPPE BOUILLON (XV), né le 15 Mars 1931.

Page 61 :   HENRI DE LONLAY est décédé le 21 Janvier 1933.

Page 61 :   ROBERT DE LONLAY (XIV) est capitaine de corvette et Chevalier
de la Légion d'honneur.

Page 61 :   CHRISTIANE DE LONLAY (XIV), a épousé le 12 Septembre 1928
MAURICE GOSSE, attaché à la Banque de France. D'où :

A) YVONNE GOSSE (XV), née le 31 Juillet 1929.

B) MONIQUE GOSSE (XV), née le 13 Juillet 1930.

C) GENEVIÈVE GOSSE (XV), née le 1ᵉʳ Septembre 1931.

D) MAURICE GOSSE (XV), né le 16 Juin 1933.

Page 62 :   HENRI DE GUILLEBON (XIII), est décédé à Paris le 12 Décembre
1932.

Page 62 :   ELISABETH DE GUILLEBON (XIV), a épousé le 20 Octobre 1927
PIERRE ESCUDIÉ DE VAILLAC, attaché à la Banque de France. D'où :

A) NICOLE ESCUDIÉ DE VAILLAC (XV), née le 8 Août 1929.

B) GHISLAINE ESCUDIÉ DE VAILLAC (XV), née le 6 Mai 1933.

Page 64 :   Les enfants de François de Guillebon (XIV), marié à Louise Bernard, sont les suivants :

A) Philippe de Guillebon (XV), né à Lille le 12 Juillet 1925.

B) Jacqueline de Guillebon (XV), née à La Madeleine-lès-Lille le 25 Octobre 1930.

c) Geneviève de Guillebon (XV), née à La Madeleine-lès-Lille le 6 Janvier 1934.

Page 64 :   Christian de Guillebon (XIV), décoré de la Croix de Guerre des J. O. E. et de la Médaille Coloniale, a épousé à Nancy le 30 Avril 1931 Cécile de Metz-Noblat. D'où :

A) Patrick de Guillebon (XV), né à Nancy le 2 Juillet 1932.

B) Frédéric de Guillebon (XV), né à Nancy le 7 Avril 1934.

Page 64 :   Jacques de Guillebon (XIV) est entré à l'Ecole Polytechnique en 1930 et en est sorti comme officier d'Artillerie.

Page 65 :   Les enfants d'ELISABETH DE LA SIMONE (XIV), mariée à
HUMBERT DE BEAUNAY, sont les suivants :

    A) JEAN DE BEAUNAY (XV), né le 2 Juillet 1921.

    B) MONIQUE DE BEAUNAY (XV), née le 3 Juillet 1923.

    C) ALIX DE BEAUNAY (XV), née le 19 Novembre 1926.

    D) GUY DE BEAUNAY (XV), né le 3 Septembre 1930.

Page 65 :   HUBERT DE LA SIMONE (XIV), a épousé le 28 Février 1928
SUZANNE MONESTIER. D'où :

    JACQUES DE LA SIMONE (XV), né à Amiens le 14 Août 1929.

Page 65 :   BERNARD DE LA SIMONE (XIV), officier de Cavalerie, a épousé le
20 Décembre 1928 YVONNE CONDÉ.

Page 65 :   GISÈLE DE LA SIMONE (XIV), a épousé le 30 Mai 1933 JACQUES
QUINAT.

Page 65 :   DANIEL DE LA SIMONE (XIV), a épousé le 12 Mai 1934 GENEVIÈVE
LALANDE.

Page 65 :   ANDRÉ DE LA SIMONE (XIV), est sorti de Saint-Cyr comme officier de Cavalerie.

Page 66 :   Les enfants de CHANTAL DE GUILLEBON (XIV), mariée au COMTE BENOIT DE SAINT-SEINE, sont les suivants :

    A) YVES DE SAINT-SEINE (XV), né le 14 Mars 1925.

    B) PHILIPPE DE SAINT-SEINE (XV), né le 21 Avril 1926.

    C) PATRICE DE SAINT-SEINE (XV), né le 25 Novembre 1927.

    D) RÉGIS DE SAINT-SEINE (XV), né le 3 Août 1929.

    E) CHRISTINE DE SAINT-SEINE (XV), née le 21 Février 1932.

Page 66 : COLETTE DE GUILLEBON (XIV), a épousé à Paris le 4 Juillet 1933 EDMOND SALLÉ DE LA MARNIERRE, docteur en droit, assistant à la Faculté de Paris. D'où :

DIANE SALLÉ DE LA MARNIERRE (XV), née à Poitiers le 9 Mai 1934.

BRANCHE
DITE DE MAZINGHEM

———

Page 69 :   GEORGES DE GUILLEBON (XIII), est décédé à Aumale le 29
Décembre 1929.

Page 70 :   Sur LOUIS DE GUILLEBON, qui commandait en Novembre 1918 le
53ᵐᵉ Régiment d'Infanterie, voir dans l'*Illustration* du 27 Avril 1929
l'article intitulé : « Le dernier combat du communiqué ». (Il s'agit
du franchissement de la Meuse par nos troupes près de Sedan).

Page 70 :   Les enfants de SUZANNE DE GUILLEBON (XIV), mariée au VICOMTE
ADRIEN D'IZARNY-GARGAS, sont les suivants :

A) RAYMOND D'IZARNY-GARGAS (XV), né à Rennes le 23
Janvier 1922.

B) MARIE D'IZARNY-GARGAS (**XV**), née à Rennes le 2
Décembre 1923.

C) BERNARD D'IZARNY-GARGAS (XV), né à Rennes le 7 Août
1927.

D) LOUIS D'IZARNY-GARGAS (XV), né à Montpellier le
5 Décembre 1929.

E) MONIQUE D'IZARNY-GARGAS (XV), née à Versailles le 24 Août 1933.

Page 72 : GENEVIÈVE DE GUILLEBON (XIII), est décédée le 25 Septembre 1932 au Carmel de Fontainebleau.

Page 73 : Les enfants de GENEVIÈVE DE GUILLEBON (XIV), mariée à YVES DE CHARNACÉ, sont les suivants :

A) MARIE-ANTOINETTE DE CHARNACÉ (XV), née à Saint-Rimault le 7 Septembre 1926.

B) PHILIPPE DE CHARNACÉ (XV), né à Saint-Rimault le 28 Septembre 1927.

C) THÉRÈSE DE CHARNACÉ (XV), née à Saint-Rimault le 19 Août 1929.

D) HÉLÈNE DE CHARNACÉ (XV), née à Paris le 26 Octobre 1930.

Page 73 : ANTOINETTE DE GUILLEBON (XIV), a épousé à Saint-Rimault le 3 Juillet 1929 OLIVIER FROGER DE MAUNY. D'où :

A) JEAN DE MAUNY (XV), né à Paris le 17 Avril 1930.

B) HENRY DE MAUNY (XV), né à Paris le 15 Juin 1931.

C) FRANÇOIS DE MAUNY (XV), né à Paris le 19 Mars 1933.

Page 73 : MARIE-THÉRÈSE DE GUILLEBON (XIV), a épousé à Paris le 10 Octobre 1933 le VICOMTE GUY DU BREIL DE PONTBRIAND.

Page 76 : RAOUL DE GUILLEBON (XIII), est décédé à Paris le 22 Décembre 1930.

Page 76 :   Jean de Guillebon de Resnes (XIV), a épousé à Lille le 2 Octobre 1929 Françoise Delemer. D'où :

A) Raoul de Guillebon de Resnes (XV), né à Paris le 15 Janvier 1931.

B) Amé de Guillebon de Resnes (XV), né à Paris le 10 Mai 1932.

c) Eliane de Guillebon de Resnes (XV), née à Paris le 15 Janvier 1934.

Page 76 :   Les enfants d'Etienne de Guillebon (XIV), marié à Marguerite Delemer, sont les suivants :

A) Ghislaine de Guillebon (XV), née à Paris le 1er Juin 1927.

B) Bruno de Guillebon (XV), né à Paris le 1er Septembre 1928.

c) Claude de Guillebon (XV), née à Paris le 15 Mars 1930.

D) Anne de Guillebon (XV), née à Paris le 2 Octobre 1931.

Page 77 :   HÉLÈNE DE GUILLEBON (XIV), a épousé à Corenc (Isère) le 21 Août 1928 le VICOMTE AYMAR DE RUGY, ingénieur des Arts et Manufactures. D'où :

FRANÇOIS DE RUGY (XV), né à Grenoble le 29 Octobre 1932.

Page 77 :   YVONNE DE GUILLEBON (XIV), a épousé à Corenc (Isère) le 14 Avril 1928 PIERRE MOURRAL, inspecteur-adjoint des Eaux et Forêts, décoré de la Médaille Militaire et de la Croix de Guerre.

Elle est décédée le 22 Mars 1929. PIERRE MOURRAL a épousé en secondes noces le 21 Avril 1931 Melle MARGUERITE PÉGUILHAN DE SARTOUX; d'où postérité.

Page 78 :   MARIE DE GUILLEBON (XIV), a épousé à Corenc (Isère) le 25 Novembre 1931 ALAIN DE GUILLEBON, fils de LUCIEN DE GUILLEBON et de MARIE NOCHÉ D'AULNAY. (Voir ci-dessus, Branche de Troussencourt).

ENFANTS
DE CLAUDE-ANTOINE
DE GUILLEBON
ET DE M^{ELLE} DE GOMER
N'AYANT PAS LAISSÉ DE
DESCENDANCE MASCULINE

Page 83 :   Les enfants de SIMONE DE FENOYL (XV), mariée à CHARLES DE MONLÉON sont les suivants :

    A) FRANÇOIS DE MONLÉON (XVI), né le 1er Mars 1923.

    B) et C) ANNE DE MONLÉON et GENEVIÈVE DE MONLÉON (XVI), nées le 23 Juillet 1924.

    D) ELISABETH DE MONLÉON (XVI), née le 7 Février 1926.

    E) MADELEINE DE MONLÉON (XVI), née le 6 Mai 1927.

    F) BERNARD DE MONLÉON (XVI), né le 3 Mai 1928.

G) PIERRE DE MONLÉON (XVI), né le 29 Juillet 1930.

H) YVES DE MONLÉON (XVI), né le 18 Octobre 1931.

I) HENRI DE MONLÉON (XVI), né le 18 Mars 1933.

Page 84 :   GÉRARD DE FENOYL (XV) a épousé le 2 Juillet 1929 à Menton YVONNE FORTIER. D'où :

A) MICHELLE DE FENOYL (XVI), née le 25 Juin 1930.

B) MONIQUE DE FENOYL (XVI), née le 18 Mars 1932.

C) YVES DE FENOYL (XVI), né le 2 Mars 1933.

D) CLAUDE DE FENOYL (XVI), né le 9 Avril 1934.

Page 84 :   YVES DE FENOYL (XV), est décédé le 6 Août 1930.

Page 84 :   MARGUERITE DE FENOYL (XV), a épousé le 27 Février 1933 ROBERT BURRUS. D'où :

COLETTE BURRUS (XVI), née le 10 Décembre 1933.

Page 85 : Les enfants du VICOMTE HUGUES DE MONTBAS (XIV), Conseiller d'Ambassade à la Légation de France à Vienne, marié à PAULINE DE DAMPIERRE, sont les suivants :

A) JEAN-FRANÇOIS DE MONTBAS (XV), né à Bruxelles le 11 Mai 1921.

B) PIERRE DE MONTBAS (XV), né à Paris le 4 Mai 1927.

Page 89 : SUZANNE DU CHATELET (XV), a épousé le 21 Mai 1929 à Beauvoir-sur-Mer (Vendée) RAYMOND JEANNIN. D'où :

A) CLAUDE JEANNIN (XVI), né le 4 Février 1930. Décédé le lendemain.

B) YVES JEANNIN (XVI), né le 11 Avril 1931.

C) BERNARD JEANNIN (XVI), né le 23 Avril 1932.

D) MICHEL JEANNIN (XVI), né le 7 Juillet 1933.

Page 89 : HÉLÈNE DU CHATELET (XV), a épousé le 10 Octobre 1933 à Beauvoir-sur-Mer CLOVIS MALLARD.

Page 93 :   Les enfants de JEAN DE NAILLY (XIV), marié à ODETTE REYNAUD,
sont les suivants :

A) EDOUARD DE NAILLY (XV), né le 16 Avril 1922. Décédé
le 3 Octobre 1922.

B) ALBERT DE NAILLY (XV), né le 19 Juin 1923.

C) MAURICE DE NAILLY (XV), né le 25 Novembre 1924.
Décédé le 16 Janvier 1925.

D) CHANTAL DE NAILLY (XV), née le 1er Mars 1926.

E) CHRISTIAN DE NAILLY (XV), né le 1er Mars 1928.

Page 93 :   Les enfants de FERDINAND DE NAILLY (XIV), marié à GERMAINE
DE SOLAN BETHMALE, sont les suivants :

A) GABRIELLE DE NAILLY (XV), née le 26 Février 1927.

B) EDOUARD DE NAILLY (XV), né le 24 Juin 1928. Décédé
le 2 Octobre 1929.

C) RENÉ DE NAILLY (XV), né le 11 Novembre 1929.

D) JACQUES DE NAILLY (XV), né le 8 Février 1931.

E) FRANÇOIS DE NAILLY (XV), né le 30 Juillet 1933.

Page 95 :   Madame ALBERT DE BOULOIS, née BÉATRICE DE GUILLEBON (XII), est décédée le 22 Octobre 1928.

Page 96 :   ROGER DE BOULOIS (XIV), a épousé le 7 Octobre 1930 MARIE BALAY. D'où :

       A) HENRI DE BOULOIS (XV), né à Rabat le 3 Août 1931.

       B) JACQUES DE BOULOIS (XV), né à Rabat le 5 Janvier 1933.

Page 96 :   HENRI DE BOULOIS (XIV), a épousé le 6 Septembre 1932 à Bordeaux MONIQUE CAYROU.

Page 100 :   CAMILLE DE FROISSY (XIII), est décédé le 7 Avril 1928.

Page 101 :   GASTON DE LÉDINGHEN (XIII), est décédé le 16 Février 1930.

Page 102 : Les enfants de MARIE DE LÉDINGHEN (XIV), mariée à LOUIS DE MONTÉTY, sont les suivants :

A) HENRI DE MONTÉTY (XV), né le 28 Juillet 1924.

B) CATHERINE DE MONTÉTY (XV), née le 16 Novembre 1926.

C) ANNE-MARIE-GODELEINE DE MONTÉTY (XV), née le 1er Septembre 1932.

Page 102 : JOSEPH DE LÉDINGHEN (XIV), a épousé le 12 Mars 1928 à Hermes (Oise) FRANÇOISE DE TOURTIER. D'où :

A) ARNAUD DE LÉDINGHEN (XV), né le 25 Février 1929.

B) BÉATRIX DE LÉDINGHEN (XV), née le 5 Juillet 1931.

Page 106 : AMÉDÉE DE FRANCQUEVILLE est décédé à Remiencourt le 26 Mai 1933.

Page 106 : MARIE-LOUISE DE FRANCQUEVILLE (XIV) est décédée le 1er Juillet 1930.

Page 106 : Les enfants d'ADALBERT DE FRANCQUEVILLE (XIV), marié à MADELEINE VAN CALOEN, sont les suivants :

A) MARIE-THÉRÈSE DE FRANCQUEVILLE (XV), née à Remiencourt le 14 Août 1923.

B) XAVIER DE FRANCQUEVILLE (XV), né à Remiencourt le 14 Octobre 1924.

C) GÉRARD DE FRANCQUEVILLE (XV), né à Remiencourt le 13 Octobre 1926.

D) AMÉDÉE DE FRANCQUEVILLE (XV), né à Remiencourt le 13 Septembre 1928.

E) JOSÉ DE FRANCQUEVILLE (XV), né à Bruges le 12 Septembre 1932.

Page 106 : Les enfants de GERMAINE DE FRANCQUEVILLE (XIV), mariée à JOSEPH DE MONTÉTY, sont les suivants :

A) COLETTE DE MONTÉTY (XV), née à Remiencourt le 20 Juillet 1926.

B) ANTOINE DE MONTÉTY (XV), né à Remiencourt le 29 Juin 1928.

C) BRIGITTE DE MONTÉTY (XV), née à Amiens le 8 Août 1932.

Page 107 :   Les enfants de Marie de Gillès (XIV), mariée à Xavier de Saint-Jouan, sont les suivants :

A) Monique de Saint-Jouan (XV), née le 23 Novembre 1923.

B) Germaine de Saint-Jouan (XV), née le 30 Novembre 1926.

C) Françoise de Saint-Jouan (XV), née le 23 Juin 1931.

D) Yves de Saint-Jouan (XV), né le 18 Décembre 1933.

BRANCHE
DE WAVIGNIES

Page 131 :   Les enfants d'YVONNE DE SEPTENVILLE (XIV), mariée à ALEXANDRE DU GAULT, sont les suivants :

A) YVES DU GAULT (XV), né le 19 Janvier 1912. Décédé le 12 Avril 1912.

B) GONZAGUE DU GAULT (XV), né le 5 Décembre 1916.

C) GENEVIÈVE DU GAULT (XV), né le 25 Septembre 1920.

D) BÉATRIX DU GAULT (XV), née le 26 Mai 1928.

Page 131 :   JEAN DE SEPTENVILLE (XIV), a épousé le 30 Juillet 1929 à La Mancellière (Manche) SOLANGE DE TESSON DE LA MANCELLIÈRE. D'où :

GÉRALD DE SEPTENVILLE (XV), né le 12 Mai 1930.

BRANCHE

DE VAUX

ALEXANDRE DE GUILLEBON (XIII), marié en secondes noces à Melle NICOLAS DE MESSINCOURT, a eu une fille, SIMONE DE GUILLEBON (XIV), née à Paris le 21 Avril 1910, qui a épousé le 28 Novembre 1929 ALBÉRIC MORETUS PLANTIN DE BOUCHOUT.

BRANCHE

DE BOURGES

A) JACQUES DE LA MORANDIÈRE (XVI), né le 15 Avril 1928.

B) ODILE DE LA MORANDIÈRE (XVI), née le 9 Juillet 1929.

C) THÉRÈSE DE LA MORANDIÈRE (XVI), née le 20 Décembre 1930.

Page 147 :   SOLANGE LE BOURGEOIS (XV), a épousé le 12 Juillet 1933 le COMTE CHRISTIAN CHAIX DE LAVARÈNE.

ARMAND LE BOURGEOIS (XV) est prêtre de la Congrégation de Marie et Jésus (Eudistes).

Page 148 :   Les enfants de ROBERT LE BOURGEOIS (XIV), Colonel du Génie, sont les suivants :

De son premier mariage, avec MARGUERITE DES POMMARE :

A) YVONNE LE BOURGEOIS (XV), née le 9 Mai 1912. Décédée le 18 Janvier 1917.

B) JEAN LE BOURGEOIS (XV), né le 15 Avril 1917.

De son second mariage, avec GENEVIÈVE DE LOUSTAL :

C) MARIE-CLAIRE LE BOURGEOIS (XV), née le 19 Janvier 1922.

D) ANNE LE BOURGEOIS (XV), née le 31 Mars 1923.

E) ISABELLE LE BOURGEOIS (XV), née le 4 Février 1925.

F) CLAUDE LE BOURGEOIS (XV), née le 9 Août 1926.

G) PATRICE LE BOURGEOIS (XV), né le 29 Septembre 1929.

H) BERTRAND LE BOURGEOIS (XV), né le 25 Mars 1933.

Page 149 :   FERNAND DU BOS (XIII) est décédé le 9 Décembre 1933.
Madame FERNAND DU BOS est décédée le 26 Juin 1927.

Page 152 :   GEORGES DU BOS (XIV) a épousé le 3 Juillet 1928 SOLANGE
BERTIN. D'où :

    A) MARIE-FRANCE DU BOS (XV), née le 5 Août 1929.

    B) RÉGINE DU BOS (XV), née le 13 Septembre 1931.

Page 154 :   RENÉ DE VERRIÈRES (XIV), a épousé ANTOINETTE TISSÈDRE.
D'où :

    A) JACQUES DE VERRIÈRES (XV), né le 23 Janvier 1927.

    B) JEAN DE VERRIÈRES (XV), né le 19 Mars 1930.

Page 155 :   EDOUARD PEYRET DE POMMEROUX (XIV) a épousé le 22 Juillet
1930 MARGUERITE BOUQUET DES CHAUX. D'où :

    SOLANGE PEYRET DE POMMEROUX (XV), née le 12 Avril 1931.

Page 156 :   PAUL DE GUILLEBON (XIII) est décédé à Bourges le 10 Décembre
1933.

Page 157 :   LOUIS DE GUILLEBON (XIII) a épousé le 30 Avril 1927
Melle RAVIOLO.
        Il a été nommé Officier de la Légion d'honneur le 13 Juillet
1931.